外来・在宅医療のための
保険診療
Q&A

保険診療問題研究会　編

じほう

まえがき

　毎日の皆さんの保険診療での疑問，患者さんからの質問に対して，答えをまとめたのが本書です。いざというとき，さっと引けて，わかりやすい。そんな便利な保険診療の本があればよいと思い，編集しました。
　なぜなら，保険診療のルールは国の法令・通知等で定められており，専門用語が多かったり，法令文特有のいい方で書かれてあったりと，そのまますんなり理解できる人のほうがめずらしいといってもいいものだからです。
　また，関係法令文がたくさんあり，それらは引用・準用とよばれる形で相互に複雑にからまり合っています。さらには常に更新・追加されていて，いつの間にか新しいルールができているということも日常茶飯事です。一方，患者さんからの問い合わせに対してはうまく説明しなければ，ただでさえ納得がいかずイライラしている状態で，理解してもらうことは相当に難しいでしょう。それには，更新・追加の情報をまめにチェックして時間をかけて，かなり深く法令文を読み込まないといけません。深く読み込んで，患者さんが納得いくまでていねいに解説しないといけません。現在のいそがしい医療現場で，そんな余裕があるでしょうか（ないに違いありません）。
　今後，日本は多死人口減少社会になるといわれています。急激に患者さんが増えて，一方で保険料収入は減り続け，医療機関にとっては仕事は山のようにあるけど，収入はなかなか増えないという，厳しい時代がやってくる？ものと思われます。
　しかし，「めげてばかりいてもしかたない。患者さんのためにがんばるしかない」という医療関係者の方も多いと思います。確かに，工夫

と努力で乗り切るしかないかもしれません。だったら，保険診療に関する疑問についても，できるだけ，あらかじめ答えを準備しておこうというのが本書の目的です。

　本書が少しでも皆さんのお役に立つことを祈ります。

平成26年10月

執筆者一同

執 筆 者 一 覧

藍　　真　澄
東京医科歯科大学医学部附属病院 保険医療管理部　教授

安　達　直　人
Adachi Brain Clinic　代表
Adachi Medical General Service　CEO/COO

佐々木　昌　一
名古屋市立大学大学院 医学研究科 腎・泌尿器科学分野　准教授

釋　　文　雄
筑波大学附属病院 総合診療科　病院講師

目　次

Part 1　医療保険の基本に関すること

- Q1　保険診療の対象とならない診療……………………………………………… 2
  - コラム1　労働災害の給付の注意点　3
- Q2　有効期限切れの保険証…………………………………………………………… 4
  - コラム2　健康保険の資格喪失事由　5
- Q3　予約診療について………………………………………………………………… 6
- Q4　レセプトとは？…………………………………………………………………… 8
- Q5　医療費の内容がわかる領収証………………………………………………… 10
  - コラム3　領収書等の発行　11
- Q6　一部負担金の徴収義務………………………………………………………… 12
  - コラム4　一部負担金等の受領について　13
  - コラム5　電話再診　13
- Q7　公費と医療保険の関係………………………………………………………… 14
- Q8　生活保護受給者への後発品の処方…………………………………………… 16
  - コラム6　生活保護法改正法（抜粋）　16
  - コラム7　医療材料について患者さんに負担を求めることはできるか？　17
  - コラム8　診療報酬点数表にない診療　17
- Q9　診断書の記載は絶対に代行できないか？…………………………………… 18
  - コラム9　診断書の種類　19
  - コラム10　入院患者さんの外来診療　19
  - コラム11　なぜ薬剤料は別算定できるのに材料料は包括が多いのか？　19
- Q10　他の医療機関からの問い合わせ……………………………………………… 20

コラム12　療養担当規則を守らなければいけない理由　20
コラム13　保険医，保険医療機関　21
コラム14　医療機関と保険医療機関　21
Q11　セカンドオピニオンとは？……………………………………………22
コラム15　診療情報提供料（Ⅰ）と診療情報提供料（Ⅱ）　23
Q12　自費診療と保険診療，および保険外併用療養費……………………24
コラム16　保険請求できる算定回数の限度を超えた
　　　　　　検査・治療の費用　25
Q13　保険外併用療養費制度とは？…………………………………………26
コラム17　選定療養の種類　27
Q14　「専任」と「専従」……………………………………………………28
コラム18　「専ら」の割合　28
コラム19　特別の関係にある医療機関　29

外来に関すること

Q15　健康診断と初診料………………………………………………………32
コラム20　再診料等の基本診療料が算定できない場合　32
コラム21　初診料の算定の注意点　33
Q16　簡単な検査・処置と外来管理加算……………………………………34
コラム22　外来管理加算の医学的な意義　35
Q17　時間外の診療の加算……………………………………………………36
Q18　同日初診料，同日再診料と加算………………………………………38
コラム23　他の診療科，他の疾病　40
コラム24　時間外特例加算　40
コラム25　小児科外来診療料　40
コラム26　地域連携小児夜間・休日診療料　40
コラム27　小児科に関係する診療報酬項目　41
Q19　生活習慣病管理料と地域包括診療料，地域包括診療加算…………42
コラム28　地域包括診療料，地域包括診療加算　43
コラム29　アトピー性皮膚炎の患者さんに対する
　　　　　　皮膚科特定疾患指導管理料の算定　43
Q20　ウイルス肝炎の指導料…………………………………………………44

目 次

Q21 悪性腫瘍特異物質治療管理料と腫瘍マーカー……………………………46
　　コラム30　糖尿病に関する医学管理料　47
　　コラム31　てんかん患者さんの診療の注意点　48
　　コラム32　特定薬剤治療管理料　48
Q22 ニコチン依存症管理料の注意点……………………………………………50
Q23 疾患別リハビリテーション料の1患者1項目算定制限の理由……………52
　　コラム33　あん摩マッサージ指圧師等　53
　　コラム34　外来リハビリテーション診療料　53
　　コラム35　介護保険リハビリテーション移行支援料　53

在宅医療に関すること

Q24 在宅医療の交通費……………………………………………………………56
　　コラム36　在宅訪問診療の距離制限　56
　　コラム37　在宅自己導尿指導管理料の算定にあたって　56
　　コラム38　カテーテルについて　57
Q25 往診料と在宅患者訪問診療料の違い………………………………………58
　　コラム39　在宅療養　59
　　コラム40　在宅療養を実施する医療機関　59
Q26 往診の結果，とくに緊急の治療を要する疾患がなかった場合……………60
　　コラム41　長時間訪問看護・指導加算　60
　　コラム42　特別訪問看護指示書の発行について　61
Q27 在宅酸素療法と在宅人工呼吸………………………………………………62
　　コラム43　酸素の請求にかかる計算方法，届出等　63
Q28 居宅療養管理指導費（介護保険）…………………………………………64
　　コラム44　がん患者さんの在宅医療を担当する場合　65

医療費の請求に関すること

Q29 期間と算定回数の考え方……………………………………………………68
　　コラム45　1日につき　68

vii

Q30	患者さんの移送費や検査結果等の郵送費	70
	コラム46　実費徴収が認められるサービス等　70	
Q31	患者さんの都合による検査中止	72
	コラム47　患者さんのもち込んだ検査結果で判断料を算定できるか？　72	
	コラム48　外来迅速検体検査加算　73	
Q32	外部委託で算定できない検査項目	74
	コラム49　併算定できない検査　75	
	コラム50　同一検体で同一ウイルスに対する複数の検査　75	
Q33	診療実日数1日で検査複数回の算定可否	76
	コラム51　レセプトの薬剤の欄　77	
	コラム52　造影剤，画像診断にかかる薬剤料　77	
	コラム53　造影剤注入手技，カテーテル法　77	
Q34	ヘリコバクター・ピロリ感染の診断および治療	78
Q35	CT，MRIなどの検査結果の患者さんへの提供のルール	80
	コラム54　最新のモダリティ　81	
Q36	デジタル撮影した画像のプリントアウト代は請求できるか？	82
	コラム55　一連の撮影　82	
	コラム56　撮影料の計算方法　83	
	コラム57　「同一部位」，「2以上のエックス線撮影」，「同一の方法」，「同時に」　83	
	コラム58　時間外緊急院内画像診断加算　83	
	コラム59　時間外緊急院内画像診断加算算定の際の「緊急度」　83	
Q37	撮影を他院に依頼するとき	84
	コラム60　再撮影の費用は算定できるか？　85	
Q38	精神科医でなくても算定可能な精神科専門療法	86
	コラム61　心身症患者とは？　87	
Q39	外表の処置の算定方法	88
	コラム62　処置の範囲　89	
	コラム63　在宅寝たきり患者処置指導管理料または在宅気管切開患者指導管理料を算定している患者さん　89	
	コラム64　湿布処置　89	
Q40	重度褥瘡処置	90
	コラム65　算定制限の理由　91	
	コラム66　簡単な処置でのキシロカインゼリーの使用　91	

目 次

薬と材料に関すること

- Q41 患者さんが処方せんや処方薬をなくした場合……94
  - コラム67 やむをえず患者さんの家族に医薬品を渡す場合　95
  - コラム68 処方料，薬剤料，処方せん料の減算　95
  - コラム69 投薬日数の上限　95
- Q42 院外薬局が閉まった後の投薬……96
  - コラム70 院外処方できない薬剤　96
  - コラム71 検診の受診勧奨　96
  - コラム72 薬価の計算方法　97
  - コラム73 アレルギー疾患減感作療法　97
  - コラム74 患者さんに貸し出す容器等の注意点　97
- Q43 向精神薬の種類の数え方……98
- Q44 一般名処方加算……100
  - コラム75 変更調剤　103
  - コラム76 薬剤の数え方　103
  - コラム77 調剤技術基本料　103
- Q45 注射針や注射器，点滴回路に使用する材料費……104
  - コラム78 在宅自己注射で針だけの院外処方は可能か？　105
  - コラム79 在宅療養指導管理材料加算　105
- Q46 地域包括診療料／地域包括診療加算を算定している患者さんへの院外処方……106

巻末資料
保険医療機関及び保険医療養担当規則（療養担当規則）……109
厚生労働大臣が定める注射薬等……127

索　　引……133

ix

Part 1

医療保険の基本に関すること

保険診療の対象とならない診療

労働災害・交通事故など，保険診療の対象とならない場合にはどのようなものがありますか？

以下の場合，医療保険が使えません。これらについて医療保険で治療を受けた場合（後で判明した場合），患者さんの加入する医療保険の保険者から患者さん本人に対して返還請求が行われることになります。

① 病気とみなされない場合（正常な妊娠，分娩，健康診断，美容整形，歯列矯正など）
② 故意の犯罪行為や故意の事故（交通事故，けんかや泥酔による病気やけが）
③ 仕事上の病気やけが（労働基準法，労働者災害補償保険法の適用を受ける場合）
④ 医師や保険者の療養または受診に関する指示にしたがわなかった場合

医療保険の対象とならない場合は，以下のようにそれぞれ対応が異なります。
患者さん自身の手続きが必要なケースもあり，各ケースに関して，あらかじめ個々に対応を整理しておくといいでしょう。

〔交通事故〕

交通事故にかかわる医療費については，被害者に過失がない限り加害者（第三者）が全額負担することが原則となっています。

ただし，被害者（被保険者）である患者さんは，「第三者の行為による傷病届」を保険者に提出することにより，医療機関の窓口で医療費の一部負担金のみ負担して治療を受けることができます。この手続きにより，後日，保険者の負担した医療費は加害者に請求されます。

〔労働災害〕

　労働災害によって負傷した場合など労働基準法，労働者災害補償保険法の適用を受ける場合には，受診した医療機関が労災保険指定医療機関ではない場合，患者さんはいったん療養費を立て替えて支払うことになります。

　その後，患者さんは労働基準監督署に備え付けてある「療養補償給付たる療養の給付請求書」に必要事項を記入して，受診した病院や診療所で診療内容の証明を受け，労働基準監督署に請求することになります。

コラム1　労働災害の給付の注意点

不明な点は最寄りの都道府県労働局・労働基準監督署に相談しましょう。

(1) 労災保険指定医療機関の場合

　療養した医療機関が労災保険指定医療機関の場合には，患者さんは「療養補償給付たる療養の給付請求書」を受診した医療機関に提出することになり，請求書は医療機関を経由して労働基準監督署長に提出されます。

(2) 休業補償給付

　労働災害により休業した場合には，第4日目から休業補償給付が支給されます。

(3) その他の保険給付

　(1)，(2)のほかにも障害補償給付，遺族補償給付，葬祭料，傷病補償年金および介護補償給付などの保険給付があります。

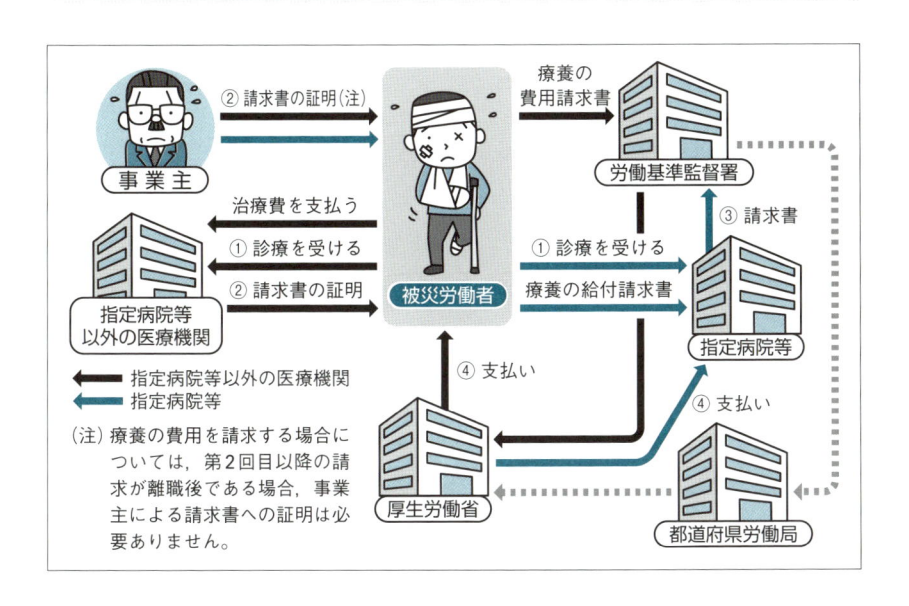

（注）療養の費用を請求する場合については，第2回目以降の請求が離職後である場合，事業主による請求書への証明は必要ありません。

有効期限切れの保険証

> 有効期間を過ぎた保険証を持参した患者さんについては，どのような対応をとるのがよいでしょうか？

保険証の有効期間が切れている場合，保険証がない患者さんと同様の対応をとることになります。健康保険の資格喪失（そうしつ）の事由によりますので，その理由に合わせて，対処方法を考えるといいでしょう（右のコラム参照）。

たとえば，単に新しい保険証との交換を忘れていたなど，実際には受給資格がある場合もあるでしょう。しかし，この場合でもいったんは自費で支払ってもらい，後日，資格の確認ができたときに清算することになります。

療養担当規則 第3条には

（受給資格の確認）
第3条　保険医療機関は，患者から療養の給付を受けることを求められた場合には，その者の提出する被保険者証によって療養の給付を受ける資格があることを確めなければならない

とあります。これは健康保険に加入し，保険医療の受給資格があることを確かめるためです。固いことをいうようですが，有効期間が切れているということは，受給資格がないことを意味します。

このため，基本的に保険診療は受けられないことになりますので，この旨お伝えしましょう。

コラム2　健康保険の資格喪失事由
次のような事由が発生した場合，健康保険の資格を喪失することになります。
① 被保険者が退職した場合
被保険者が退職した場合は，退職日の翌日に資格を喪失します。
② 被保険者の勤務形態の変更
たとえば，正社員から短時間勤務等に変更になった場合などです。
③ 被扶養者が就職し，健康保険に加入した場合
被扶養者が就職し，健康保険に加入した場合は，就職先の健康保険の資格取得日に資格を喪失することになります。
④ 被扶養者の収入増加，離婚など
その他，被扶養者の収入増加，離婚などの理由でも健康保険の資格を喪失します。

予約診療について

> 保険診療では，予約診療について，規定されているのでしょうか？

　受け付け順に診察を行うことが規定されているわけではありませんが，医師には応召義務（診療に従事する医師は，診察治療の求があった場合には，正当な事由がなければ，これを拒んではならない〔医師法第19条〕）があります。さらに，予約診療には次のような規定があります。

- 予約にもとづかない診察も，受けられる体制を十分整える。
- 予約患者さんでない患者さんについても，おおむね2時間以上待たせることのないよう適宜診療を行う。
- 予約診療を行う日時，および予約の数を見やすい場所に掲示しなければならない。
- 予約料を徴収しない時間を，各診療科ごとに少なくとものべ外来診療時間の2割程度確保する。

これらは守らなければなりません。

　予約診療は，患者さんにとってそれに必要な費用を支払ってもメリットが大きいときもあります。したがって保険診療では予約診療にかかる予約診療料は「患者さんの自主的な選択にもとづく予約診療についてのみ認められる」とされています（医療機関側の都合による予約診療料の徴収は認められていません。予約診療料の徴収の内容を定め，または変更しようとする場合は様式で地方厚生〔支〕局長にそのつど報告します）。

　ただし，予約診療により特別の料金を徴収する場合に関して，3つの規定があります。簡単に記載すると，次のとおりです。

① 予約診療を行う日時をあらかじめ決める(予約時間から，一定時間〔30分程度〕以上患者さんを待たせた場合は，予約料の徴収は認められません)。
② 予約にもとづかない診察も，受けられる体制を十分整える。
③ 予約診療を行う日時，および予約の数を見やすい場所に掲示する。

　また，予約患者さんについては，予約診療として特別の料金を徴収するにふさわしい診療時間(10分程度以上)の確保に努めなければならず，医師1人につき1日に診察する予約患者さんの数はおおむね40人を限度とすることも決められています。
　さらに，予約料を徴収しない時間を各診療科ごとに少なくとものべ外来診療時間の2割程度確保し，予約患者さんでない患者さんについても，おおむね2時間以上待たせることのないよう適宜診療を行うこととされています。

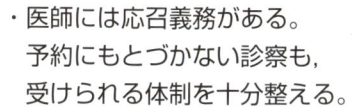

・医師には応召義務がある。
　予約にもとづかない診察も，
　受けられる体制を十分整える。
・おおむね2時間以上待たせる
　ことのないよう適宜診療を行う。

Q4 レセプトとは？

「レセプトとは何ですか？」と問う患者さんに対して，どのように説明すればよいでしょうか？

レセプト（語源はドイツ語のRezept）とは，患者さんが受けた診療について，医療機関が保険者（市町村や健康保険組合など）に請求する診療報酬の明細書のことです。医科・歯科の場合には「診療報酬明細書」，薬局における調剤の場合には「調剤報酬明細書」ともいいます。また，医療機関では単に「レセ」ということもあります。

レセプトは，患者さんの氏名，保険者番号や医療機関名等を記入した上書き部分と，診療報酬点数，療養の給付，食事・生活療養の欄で構成されています。

　レセプトといい慣れていても，「レセプトとは何ですか？」とあらためて患者さんに問われるととまどってしまうかもしれません。

　「レセプト」は，医療機関が被保険者ごとに月単位で作成します（ただし，薬局において，同一被保険者に対して同一月に複数の医療機関が発行した処方せんにもとづいた調剤を行った場合は，その発行元の医療機関ごとに分けて作成します）。そして，医療機関はレセプトを作成後，国民健康保険および後期高齢者医療制度の被保険者の場合，都道府県ごとに設立されている国民健康保険団体連合会（国保連）へ，社会保険の被保険者の場合，社会保険診療報酬支払基金（支払基金）へ提出します。こうしてレセプトは，それぞれの機関での審査を経由して，最終的に保険者へ送られます。

　なお，皆さんはご承知と思いますが，前月診療分のレセプトの提出日が翌月5日か10日と定められており，多くの医療機関では，この日を基準にレセ

プト作業を行います。さらに，審査機関や保険者がレセプトに何らかの不備を見つけた場合や，存在しない被保険者の請求がなされた場合などには，レセプトが医療機関に返戻(へんれい)されたり，請求点数が減点されるといった措置がとられます。

医療費の内容がわかる領収証

医療費の内容がわかる領収証を交付したときは，その控えを保存しなければならないのでしょうか？

医療費の内容のわかる領収証の控えは保存しなければなりません。医療費の内容のわかる領収証は「療養の給付の担当に関する帳簿及び書類その他の記録」にあてはまり，その内容は，適切な療養の給付の担当に関する証拠品となります。

医療費の内容のわかる領収証の控えは「療養の給付の担当に関する帳簿及び書類その他の記録」に該当するため，控えの保存が必要です。療養担当規則第9条に

（帳簿等の保存）
第9条　保険医療機関は，療養の給付の担当に関する帳簿及び書類その他の記録をその完結の日から3年間保存しなければならない。ただし，患者の診療録にあっては，その完結の日から5年間とする。

とあります。したがって，診療の完結の日から3年間保存しなければなりません。
　また，税法上は原則として，7年間保存しなければなりません。

コラム3　領収書等の発行

領収書等の発行は，療養担当規則で次のように規定されています。
（領収証等の交付）
第5条の2　保険医療機関は，前条の規定により患者から費用の支払を受けるときは，正当な理由がない限り，個別の費用ごとに区分して記載した領収証を無償で交付しなければならない。
　2　厚生労働大臣の定める保険医療機関は，前項に規定する領収証を交付するときは，正当な理由がない限り，当該費用の計算の基礎となった項目ごとに記載した明細書を交付しなければならない。
　3　前項に規定する明細書の交付は，無償で行わなければならない。

医療費の内容のわかる領収証の控えは保存しなければならない

領収証の控え

一部負担金の徴収義務

> 一部負担金は，必ず決められた額を患者さんから徴収しないといけませんか？
> 患者さんが支払いに応じない場合，どのような対応をとればよいでしょうか？

　一部負担金は必ず決められた割合で徴収しなければなりません。これは健康保険法で決められています。逆に一部負担金を故意に請求しない場合は，保険医療機関にペナルティが課せられることになります。
　したがって，患者さんが支払いに応じない場合は，事務的に督促をする必要があります。

　健康保険法 第74条では「保険医療機関から療養の給付を受ける者は，その給付を受ける際，(中略)第76条(中略)の規定により算定した額に(中略)定める割合を乗じて得た額を，一部負担金として，当該保険医療機関に支払わなければならない」とあります。また，療養担当規則 第5条においても，一部負担金等の受領について，詳細に記されています（右のコラム参照）。
　患者さんが支払いに応じない場合は，事務的に督促をする必要があり，さらに，どうしても応じない場合には加入保険者に通知して請求できることがあります。これに関しても健康保険法 第74条2項に「保険医療機関が善良な管理者と同一の注意をもってその支払を受けることに努めたにもかかわらず，なお療養の給付を受けた者が当該一部負担金の全部又は一部を支払わないときは，保険者は，当該保険医療機関の請求に基づき，この法律の規定による徴収金の例によりこれを処分することができる」と規定されています。もちろん悪質な場合は詐欺罪として告訴する手段をとる場合もあります。

コラム4　一部負担金等の受領について

療養担当規則の規定により，患者さんから受領できる費用の範囲が以下のとおり定められています。これらの費用は，原則的にすべての患者さんから徴収する必要があり，「特定の患者（職員，職員の家族など）に対して減免等の措置をとってはならない」とされています。

〔患者さんに負担を求めることができるもの〕
① 患者一部負担金
② 入院時食事療養費・入院時生活療養費の標準負担額
③ 保険外併用療養費における自費負担額
④ 人工腎臓を実施した患者さんについて，療養の一環として行われた食事以外の食事の実費
⑤ 療養の給付と直接関係ないサービス等の実費

コラム5　電話再診

患者さんまたはその看護にあたっている方から電話，テレビ画像等によって治療上の意見を求められて医師が必要な指示をした場合にも再診料が算定でき，これを「電話再診」といいます。

さらに，時間外加算，休日加算，深夜加算に該当する時間の場合，および乳幼児の場合にはそれぞれの加算を算定します。ただし，初診料は電話による診療での算定はできません。

また，電話再診の場合は外来管理加算の算定はできません。

- 患者さんが一部負担金の支払いに応じない場合は，事務的に督促をする必要がある。
- どうしても応じない場合は加入保険者に通知して請求できる。
- 悪質な場面は，詐欺罪により告訴する手段をとる。

公費と医療保険の関係

特定疾患処方管理加算の対象となっている患者さんに公費対象となる薬剤のみを処方した場合，特定疾患処方管理加算だけ医療保険で請求できますか？

　はい，できます。特定疾患処方管理加算は，該当する疾患（特定疾患）に対する投薬が行われたときに算定するため，公費対象となる薬剤がこれに該当しない場合には算定できません。
　また，公費負担医療制度はその根拠となる法令によって給付範囲等が異なるため，それぞれについて確認が必要です。

　社会保障としての医療保険（健康保険）制度以外に，国や地方自治体が患者さんの医療費を負担する「公費負担医療制度」があります。

〔公害医療，原爆被爆者医療〕
　公害医療（公害健康被害の補償等に関する法律にもとづくもの）や原爆被爆者医療（原子爆弾被爆者に対する援護に関する法律（被爆者援護法）にもとづくもの）は，対象とする疾病の医療費はすべて公費負担（公費優先）となります。
　公費が優先する場合には，その制度にもとづき請求します。

〔感染症，精神，障害者，難病・特定疾患〕
　また，感染症（感染症の予防及び感染症の患者さんに対する医療に関する法律にもとづくもの），精神（精神保健及び精神障害者福祉に関する法律にもとづくもの），障害者（障害者総合支援法にもとづくもの），難病・特定疾患（特定疾患治療研究事業あるいは小児慢性特定疾患治療研究事業にもとづくもの，平成27年1月1日以降「難病の患者に対する医療等に関する法律」

にもとづく医療費制度となります。）については，医療保険が優先されますが，対象とする疾病の医療費については医療保険の一部負担金が公費制度上の自己負担限度額を超えるものについて，公費で支払われます。

〔生活保護の医療扶助，乳幼児医療費助成制度等〕

さらに，生活保護の医療扶助（生活保護法にもとづくもの）や乳幼児医療費助成制度等は，医療保険制度が優先となりますが，疾病の種類を問わず，すべての医療費について医療保険の一部負担金相当額が公費負担となります。なお，障害者，難病・特定疾患，生活保護などについては患者さんの経済的負担能力によっては全額公費とならない場合があります。

なお，医療保険が優先する複数の公費負担医療制度を併用する場合には，医療保険 ＞ 国の法律による公費負担制度 ＞ 地方自治体の条例による公費負担制度の順に適用します。

医療保険が優先する複数の公費負担医療制度を併用する場合には、

医療保険 ＞
　　国の法律による公費負担制度 ＞
　　　　　　　　　　地方自治体の条例による公費負担制度
の順に適用

# 生活保護受給者への後発品の処方

> 生活保護受給者については，積極的に後発医薬品（後発品）をすすめたり，できるだけ医療費が抑えられるよう患者さん本人に働きかける必要があるのでしょうか？

　生活保護法改正法により，医療扶助の適正化の観点から生活保護受給者に対して後発品の使用を促すことになります（改正第34条3項）。なお，健康保険の種別によって処方せんの内容を変更することはありませんが，健康保険の種別を問わず，医療費総額の抑制のため，できる限り後発品の使用を拡げることが求められています。

コラム6　生活保護法改正法（抜粋）

　以下に生活保護法改正法第34条3項を示します。下波線の部分が，改正された箇所です。
（医療扶助の方法）
第34条（略）
2　（略）
3　前項に規定する医療の給付のうち，医療を担当する医師又は歯科医師が医学的知見に基づき後発医薬品（薬事法（昭和35年法律第145号）第14条又は第19条の2の規定による製造販売の承認を受けた医薬品のうち，同法第14条の4第1項各号に掲げる医薬品と有効成分，分量，用法，用量，効能及び効果が同一性を有すると認められたものであつて厚生労働省令で定めるものをいう。以下この項において同じ。）を使用することができると認めたものについては，被保護者に対し，可能な限り後発医薬品の使用を促すことによりその給付を行うよう努めるものとする。

コラム7　医療材料について患者さんに負担を求めることはできるか？

　処置に用いる衛生材料を患者さんに持参させ，または処方せんにより投与するなど患者さんの自己負担とすることはできません。これは平成17年9月1日付 保医発第0901002号厚生労働省保険局医療課長および歯科医療管理官通知〔療養の給付と直接関係ないサービス等の取扱いについて〕3. イに記載があります。

〔療養の給付と直接関係ないサービス等の取扱いについて〕
3．療養の給付と直接関係ないサービス等とはいえないもの
　イ　材料に係るもの
　　（例）衛生材料代（ガーゼ代，絆創膏代等），おむつ交換や吸引などの処置時に使用する手袋代，手術に通常使用する材料代（縫合糸代等），ウロバッグ代，皮膚過敏症に対するカブレ防止テープの提供，骨折や捻挫などの際に使用するサポーターや三角巾，医療機関が提供する在宅医療で使用する衛生材料等，医師の指示によるスポイト代，散剤のカプセル充填のカプセル代，一包化した場合の分包紙代及びユニパック代　等

　また，処置の場合，総額の薬価が15円以下の処置薬剤や通常使用される材料等（包帯，ガーゼ，絆創膏等の衛生材料など）は，所定点数に含まれており，別に算定できません。

コラム8　診療報酬点数表にない診療

　請求したい内容が点数表のどこにもない場合，原則として，診療報酬点数表にない治療は一般的でないため，保険診療として行うことはできません。

　そのほか，簡単な検査や処置の場合には基本診療料に含まれ，検査料や処置料として算定できない場合もあります。

　点数表にない特殊な検査，処置，手術などについては，当局に内議（地方厚生局に相談することをいいます）し，算定できるかどうか，算定できる場合はどの項目を準用するか指示を仰いでください。類似する項目があって，それに含まれるかどうか不明な場合も同様に当局に内議してください。また，手術については，点数表にあっても術式が従来のものと著しく異なる場合も当局に内議してください。

　さらに，検査については，点数表の項目はそれに対応する体外診断薬や検査機器として薬事承認されたものがあるため，類似する検査内容でも算定できない場合があります。

　また，新規治療については，治験あるいは先進医療として所定の手続きを踏んで実施することが必要です。

09 診断書の記載は絶対に代行できないか？

診察を行った医師が診断書を書くのが困難な場合，いかなる場合も診察を一からやり直さなければ診断書の交付はできないのでしょうか？

原則，診察した医師本人が診断書を交付しなければなりません。

しかしながら，過去にさかのぼった診療内容について，実際に診察した医師が退職などで不在の場合は，過去のカルテにもとづいて別の医師が診断書を発行することは現実的にはありえます。

医師法 第20条では「医師は，自ら診察しないで治療をし，若しくは診断書若しくは処方せんを交付し，自ら出産に立ち会わないで出生証明書若しくは死産証書を交付し，又は自ら検案をしないで検案書を交付してはならない」と決められています。

したがって，診察した医師本人が診断書を交付しなければなりません。また，健康保険法においても，基本的に無診察による保険医療の給付はできません。

しかしながら，実際に診察した医師が退職などで不在の場合は，過去のカルテにしたがって別の医師が診断書を発行することは現実的にはありえます。

コラム9　診断書の種類

診断書といっても多種多様です。
- 病院所定診断書
- 出生証明書，死亡診断書（死体検案書）
- 自賠責診断書
- 生保・共済・損保診断書
- 傷病手当金
- 介護保険主治医意見書
- 小児慢性特定疾患医療意見書
- 臨床調査個人票
- 身体障害者診断書・意見書
- 障害者自立支援医師意見書
- 医療要否意見書

コラム10　入院患者さんの外来診療

　他の医療機関に入院中の患者さんが外泊中に，外来受診した場合でも，通常どおり当該診療にかかる費用を算定することができます。

　ただし，気をつけていただきたいのは，DPC対象病院に入院中の患者さんの場合，DPC対象病院のほうでまとめて請求することになります（合議で清算することになります）。

　なお，出来高算定の入院患者さんで自院で算定する場合でも，入院中の患者さんでは，医学管理料等，在宅医療，投薬，注射およびリハビリテーションにかかる費用は外来で別に算定できません。

コラム11　なぜ薬剤料は別算定できるのに材料料は包括が多いのか？

　内服薬は用量がほぼ決まっており，外用薬についても使用量は明確に判断できます。また適応や薬価が決められていることと，通常は投薬に失敗することはなく無駄使いすることもありませんので出来高算定可能となっています。

　それに対し，処置等で用いる医療材料については，安価であり，一般的な使用量を設定することが困難で，失敗した場合を含めて，使えば使うほど診療報酬が高くなるような出来高算定になじまないと考えられることから，包括とされている場合が多くあります。

　医療材料，医療機器の多くは，診療報酬ではその費用が包括となっており，別に算定できません。出来高算定になじまないと考えられるからです。ただし，特定保険医療材料のように，使用目的が明確で，一般的に使用する本数や個数がほぼ決まっているもので，ある程度の費用が生ずるものについては価格が設定されており別算定できます。

　一方，薬剤料は別に算定できます（総額の薬価が15円以下の処置薬剤を除く）が，逆に基本診療料に含まれる程度の処置等で用いた薬剤については，手技料をともなわず薬剤料のみを算定する場合があります。この場合，レセプトには，使用した目的による算定区分で，薬剤名と所定点数を記載します。

他の医療機関からの問い合わせ

他の医療機関からの問い合わせ（照会）に対して，どのような対応をとることが望ましいのでしょうか？拒否することができる場合の正当な理由はあるのでしょうか？

他の保険医療機関から照会を要請された場合は，これに応じなければなりません。

ただし，照会内容に回答できる医師等が不在であるなど，事実上，回答が不可能な場合は，その理由を説明して断ることはできます。

療養担当規則 第2条の2では「保険医療機関は，その担当した療養の給付に係る患者の疾病又は負傷に関し，他の保険医療機関からの照会があった場合には，これに適切に対応しなければならない」と決められています。また，照会を拒否する正当な理由については法律上の文言で記載されてはいません。

ただし，医師法では，医師が診療・治療を断ることができる正当な理由として「事実上診療が不可能な場合」があげられており，これから考えれば，「明らかに事実上，回答が不可能な場合」はその状況をきちんと説明することで，断ることができると考えられます。

コラム12　療養担当規則を守らなければいけない理由

保険医として登録される，保険医療機関として指定されるということは，その医師，あるいは医療機関が健康保険法を遵守することを前提としています。

そして，療養担当規則は健康保険法に定められた保険医，保険医療機関が遵守しなければいけない規則です。

医師が保険医として勤務するためには，勤務する医療機関を管轄する地方厚生局に申請して保険医として登録されなければなりません。健康保険法 第64条に「保険医療機関において健康保険の診療に従事する医師（中略）は，厚生労働大臣の登録を受けた医師（中略）でなければならない」とあるからです。また，保険医が保険診療を行う医療機関は健康保険法 第65条により，保険医療機関として指定されていなければなりません。

　「登録をする」，「指定される」ということは，健康保険法を遵守することを前提としています。保険医，保険医療機関は，療養担当規則をはじめ健康保険法と付随する法の規制があることを十分に認識しておく必要があります。

　多くの医療機関では事務部門で登録・指定申請手続きを行っていると考えられることから「保険医であること」の意識が希薄になってしまっていることがありますので，気をつけてください。

コラム13　保険医，保険医療機関

〔保険医〕

　健康保険法の規定により，「保険医療機関において健康保険の診療に従事する医師は，（中略）厚生労働大臣の登録を受けた医師（中略）でなければならない」（健康保険法 第64条）とされています。

〔保険医登録〕

　医師国家試験に合格し，医師免許を受けることにより自動的に保険医として登録されるわけではありません。医師が「保険診療をしたい」という自らの意思により，勤務先医療機関の所在地（勤務していない場合は住所地）を管轄する地方厚生（支）局長（所在地を管轄する地方厚生〔支〕局の事務所がある場合には，当該事務所を経由して行います）へ申請する必要があります。また，申請後公布された保険医登録票は適切に管理し，登録内容に変更が生じたときには速やかに（変更の内容によっては保険医登録票を添えて）届け出る必要があります（健康保険法 第71条）。

コラム14　医療機関と保険医療機関

　医療機関である病院，診療所は，医療法で規定されている，「公衆又は特定多数人のための医業を行う場所」です。

　そして，保険医療機関は，健康保険法等で規定される療養の給付を行う病院，診療所であり，保険医療機関は，病院，診療所の開設者の申請により厚生労働大臣が指定することになります。したがって，保険医療機関は療養担当規則で定めるところにより，療養の給付を担当しなければならず，療養の給付に要する費用の額は，厚生労働大臣が定めるところにより算定することになります。

Q11 セカンドオピニオンとは？

> セカンドオピニオンは，どのような場合に有効と考えられるのでしょうか？

A

　セカンドオピニオンは，患者さんが自ら納得して治療を選ぶための手段として有効です。
　「セカンドオピニオン」はいまかかっている医師（主治医）以外の医師に求める第2の意見で，患者さんと主治医で治療法を判断するための材料としての役割があります。

解説

　セカンドオピニオンは，患者さんが現在かかっている医師とは別の医師に今後の治療方針等を聞いて，納得のいく，よりよい治療につなげるための方法です。
　セカンドオピニオンは患者さんの治療を担当する医師を替えることを目的としたものではなく，ほかの医師の意見を聞いて，より患者さんが納得した治療を受けるためのものです。
　現に患者さんの治療を担当している医療機関には，現在かかっている主治医の治療計画，検査結果，画像診断にかかわる画像情報，その他の必要な情報を提供することが望まれます。

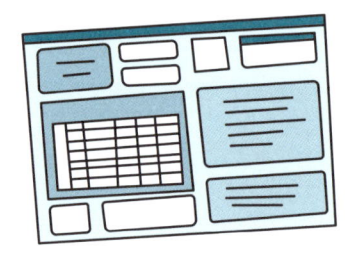

コラム15 診療情報提供料（Ⅰ）と診療情報提供料（Ⅱ）

セカンドオピニオンを目的とした診療情報の提供にかかわる評価として「診療情報提供料（Ⅱ）（月1回，500点）」があります。対して，別の医療機関（診療所，病院）での診療の必要を認めた場合，紹介先保険医療機関ごとに月1回，診療情報提供料（Ⅰ）250点を算定します。これは，保険医療機関以外にも市町村や保健所，薬局への情報提供でも算定できますが，詳しい算定要件は他書を参考にしてください（ただし，保険医療機関以外では介護保険の居宅療養管理指導費と併算定できません）。

また，診療情報提供料（Ⅱ）の算定にあたっては，医師は患者さんの求めに対して治療計画，検査結果，画像診断にかかわる画像情報その他の，別の医療機関において必要な情報を添付し，診療情報を提供します。あくまで患者サイドからの求めがあった場合であり，算定にあたっては，患者さんまたはその家族からの希望があった旨をカルテに記載する必要があります。

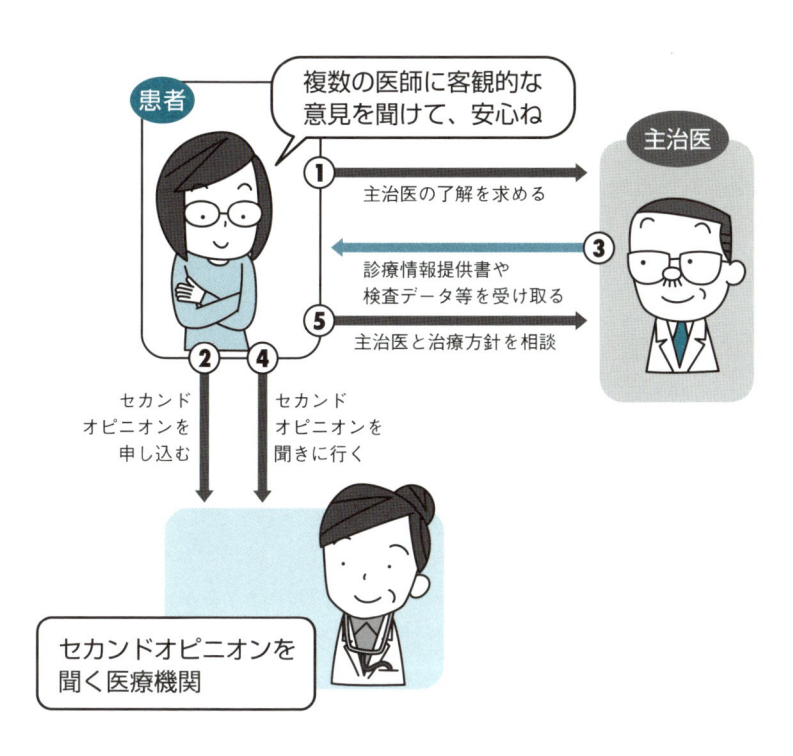

患者：複数の医師に客観的な意見を聞けて、安心ね

① 主治医の了解を求める
② セカンドオピニオンを申し込む
③ 診療情報提供書や検査データ等を受け取る
④ セカンドオピニオンを聞きに行く
⑤ 主治医と治療方針を相談

セカンドオピニオンを聞く医療機関

自費診療と保険診療，および保険外併用療養費

> 患者さんの自費診療を，途中から保険診療に切り替えることは可能でしょうか？

できません。保険診療と保険外診療の併用は原則として禁止されています。自費診療（＝自由診療）を含む治療は，「全体について，自由診療として整理」されることになります。自由診療で行っていた治療を，途中から保険診療に変えることはできません。

ただし，健康診断，健康診査，あるいは患者さんの希望による検査等の結果によって疾患が発見された場合は，治療開始以降は保険診療の対象となります。

また，保険外併用療養費制度の活用は自由診療にはあたりません。

保険診療と保険外診療の併用は原則として禁止されています。したがって，患者さんの同意にもとづいて自由診療で行っていた治療を，途中から保険診療に変えることはできません。

ただし，健康診断，健康診査，あるいは患者さんの希望による検査等の結果によって疾患が発見された場合は，治療開始以降は保険診療の対象となります。

また，保険外併用療養費制度の活用は自由診療にはあたりません。保険外併用療養費には，評価療養（保険導入のための評価を行うもの）と選定療養（保険導入を前提としないもの）がありますが，診療所でも関係してくるのは，評価療養の中の「医薬品の治験にかかわる診療」と選定療養の「制限回数を超える医療行為」にあたる標準的算定日数を超える疾患別リハビリテーションなどでしょう。

コラム16　保険請求できる算定回数の限度を超えた検査・治療の費用

　たとえばリハビリテーションなど，保険請求できる算定回数に限度がある検査・治療があります。医療として提供されるものについては，医師が適切な計画を作成して効果を定期的に評価し，それにもとづき計画を見直すなど，医師による指導・管理が重要になります。

　患者さんが保険診療での算定限度を超えた検査・治療を希望する場合，医療機関は保険外併用療養費として実費を患者さんに請求します。この実費は，「医科点数表に規定する回数を超えて行う診療に係る特別料金については，医科点数表に規定する基本点数をもとに計算される額を標準とする」と決められています。

保険診療と保険外診療の併用は原則禁止

保険外併用療養費制度とは？

保険外併用療養費制度とは，なんですか？

　保険外併用療養費制度には，保険給付の対象とすべきものであるか否かについて，適正な医療の効率的な提供を図る観点から評価を行うことが必要な療養である「評価療養」，特別の病室の提供など被保険者の選定にかかわる「選定療養」の2つがあります。

〔評価療養〕
　「評価療養」は将来は保険給付の対象として認められるかもしれませんが，現段階では保険給付の対象となっていない医療技術による治療を行う際に，現在，保険診療として認められている部分について，保険外併用療養費として保険給付する制度といってよいと思います。

〔選定療養〕
　また，「選定療養」は，治療とは直接関係しない部分について保険診療のルールで決めず，（それによって生じる追加の費用負担を含めて）それぞれの患者さんの判断にまかせるための制度といってよいと思います。

　どちらも，医療機関には，患者さんに不当な自己負担が生じることがないよう，その内容や費用を明確化するとともに，それらの情報の院内での掲示等が義務づけられています。

コラム17　選定療養の種類

「なぜ患者さんの選択（判断）にまかせるのか？」と問われることもあるかもしれませんので，わかりやすい説明のために選定療養の種類についても覚えておくとよいかもしれません。

① 快適性・利便性にかかわるもの
〔例〕特別の療養環境の提供，予約診療，時間外診察，前歯部の材料差額，金属床総義歯
② 医療機関の選択にかかわるもの
〔例〕200床以上の病院の未紹介患者の初診，200床以上の病院の再診
③ 医療行為等の選択にかかわるもの
〔例〕制限回数を超える医療行為，180日を超える入院

評価療養（7種類）

・先進医療（高度医療を含む）
・医薬品の治験に係る診療
・医療機器の治験に係る治療
・医薬品医療機器等法承認後で保険収載前の医薬品の使用
・医薬品医療機器等法承認後で保険収載前の医療機器の使用
・適応外の医薬品の使用
・適応外の医療機器の使用

選定療養（10種類）

・特別の療養環境（差額ベッド）
・歯科の金合金等
・金属床総義歯
・予約診療
・時間外診療
・大病院の初診
・小児う蝕の指導管理
・大病院の再診
・180日以上の入院
・制限回数を超える医療行為

保険外併用療養費制度のイメージ図

評価療養・選定療養	全額自己負担	全体
保険給付	診察・検査・投薬・入院料等（通常の治療と共通する部分）	
	一部負担金	

Q14 「専任」と「専従」

「専任」と「専従」はどう違うのですか？

A

「専従」とは専ら当該業務に従事すること（兼任不可）です。対して，「専任」とは当該業務に責任を持ち，対処することで，当該業務に専従しなくてもよいと解されます（兼任可）。

解説

「専従」というのはほかの仕事をしてはいけないのです。対して，「専任」の場合には，ほかの仕事を少しはしてもかまわない，その人を専ら任ずればよいのです。つまり，当該業務に専ら従わせる専従がいちばん厳しいのです。

ただし，たとえば，水曜と金曜がリハビリテーションの実施日である医療機関では当該療法を実施する日，時間において専従していることが要件であり，水曜と金曜以外は他の業務を行うことも差し支えないことになります。

> **コラム18　「専ら」の割合**
> 　医療法では，専任の場合，「当該療法の実施を専ら担当していることをいう。この場合において，「専ら担当している」とは，担当者となっていればよいものとし，その他診療を兼任していても差し支えないものとする。ただし，その就業時間の少なくとも5割以上，当該療法に従事している必要があるものとする。」，対して，専従の場合，「当該療法の実施日において，当該療法に専ら従事していることをいう。この場合において，「専ら従事している」とは，その就業時間の少なくとも8割以上，当該療法に従事していることをいう。」とされていますが，十分に注意していただきたいのは，医療保険の施設基準等では解釈が異なることです。
> 　医療保険の施設基準等では，「専従はほぼ100％」という解釈です。

コラム19　特別の関係にある医療機関

自院と他の保険医療機関が以下のいずれかに該当する場合は特別な関係になります。

① 開設者が同一
② 代表者が同一
③ 代表者どうしが親族などの場合
④ 役員（理事，監事，評議員など）のうち，もう一方の医療機関で役員を務める人と親族などの関係にある人の割合が30％を超える場合
⑤ 上記に準ずる場合

基本的に経営母体が一緒の医療機関は「特別な関係」になります。この場合，加算や指導料などが算定できない場合がありますので，注意が必要です。

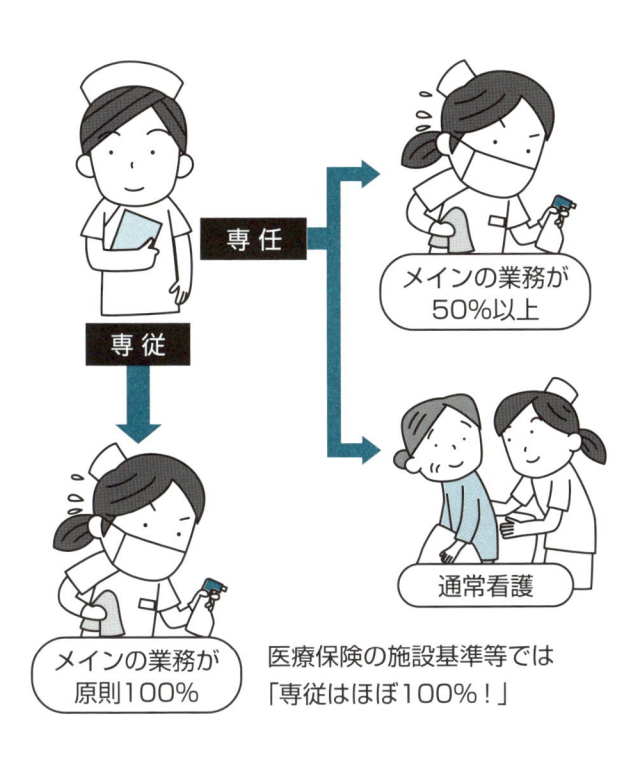

専任 → メインの業務が50％以上

専従 → メインの業務が原則100％

通常看護

医療保険の施設基準等では「専従はほぼ100％！」

Part2

外来に関すること

健康診断と初診料

健康診断，健康診査，あるいは患者さんの希望による検査の結果，疾患が発見された場合，初診料が算定できませんが，どうしてですか？

初診料は健康診断，健康診査，あるいは患者さんの希望による検査の費用に含まれています。疾患発見までの初診料は健康診断，健康診査，あるいは患者さんの希望による検査の一連の行為とみなされるためです。

　健康診断，健康診査，あるいは患者さんの希望による検査については，疾患が発見されたとしても，初診料等の基本診療料は算定できません。初診料を算定していないので，レセプトには，「特定健診と同一日に初診にて算定せず」等のコメントを入れましょう。
　その疾患の治療を開始したところから保険給付の対象となり，診療報酬を算定できます。
　ただし，疾患を発見した医師以外の医師（同じ医療機関では不可）で治療を開始した場合には，初診料を算定できます。

コラム20　再診料等の基本診療料が算定できない場合
　以下の場合も「一連」とみなされて，別に再診料等の基本診療料は算定できません。
　① 患者さんが初診時または再診時に行った検査，画像診断の結果のみを聞きに来た場合
　② 往診等の後に，薬剤のみを取りに来た場合
　③ 初診または再診の際に検査，画像診断，手術等の必要を認めたが，

いったん帰宅し，その後または後日，検査，画像診断，手術等を受けに来た場合

コラム21　初診料の算定の注意点

上記のほか，次の場合も初診料を算定できませんので注意してください。
- 自院の医師が別の医療機関で同一の患者さんについて診療を行った場合（別の医療機関での初診料は算定できない）
- 健康診断から疾病が発見された患者さんに治療を開始した場合

なお，以下の場合は，初診料を算定します。
- 自院で診療を受けている患者さんに，他の医療機関の異なる医師が対診（自院で診察）を行った場合（両方の医療機関で別に初診料を算定できます）。
- 患者さんが異和を訴え，診察を行ったが，結果的に疾病と認める兆候のない場合
- 患者さんが自分で診療を中止して，1月以上経過した後に，再び診療を受ける場合（同一病名または同一症状による場合を含む）

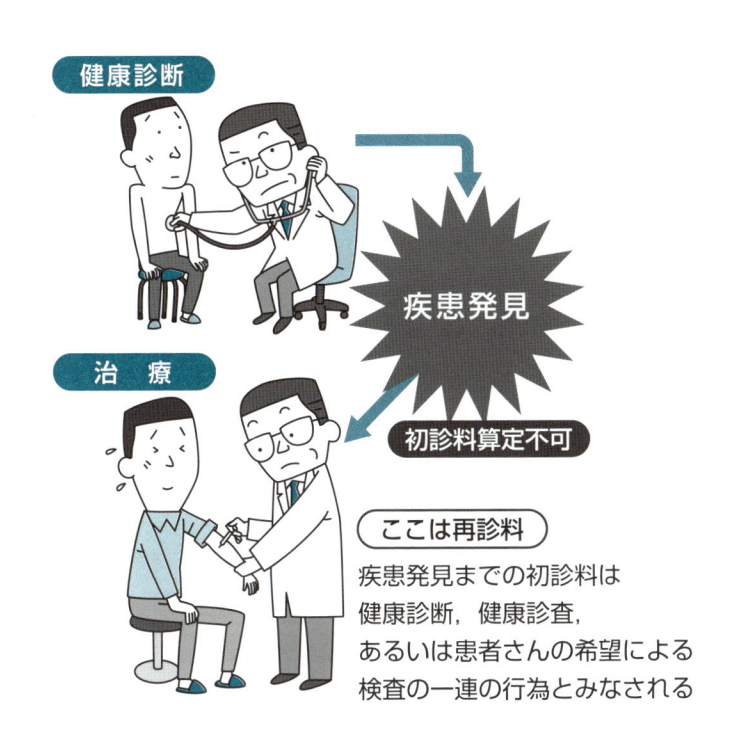

健康診断

疾患発見

治療

初診料算定不可

ここは再診料

疾患発見までの初診料は健康診断，健康診査，あるいは患者さんの希望による検査の一連の行為とみなされる

簡単な検査・処置と外来管理加算

簡単な検査や処置を行わないほうが外来管理加算を算定でき，点数が高くなることがありますが，なぜ行わないほうが高くなるのでしょうか？

簡単な検査や処置の費用は，基本診療料（初診料，再診料など）に含まれるからです。

52点以下の処置を行った場合，その点数を算定せず，外来管理加算を算定することは可能です。

基本診療料は，初診，再診，および入院の際に行われる基本的な診療行為の費用を一括して評価するものです。

基本的な診療行為を含む一連の費用を評価したものですから，簡単な検査，処置等の費用が含まれています。ここで，「簡単な検査」とは血圧測定検査など，「簡単な処置」とは浣腸，注腸，吸入，100cm^{2}未満の第1度熱傷の熱傷処置，100cm^{2}未満の皮膚科軟膏処置，洗眼，点眼，点耳，簡単な耳垢栓除去，鼻洗浄，狭い範囲の湿布処置などです。つまり，点数表に記載されていないものが主です。

一方，外来管理加算は，処置，リハビリテーション等を行わずに計画的な医学管理を行った場合に算定できるものです（標榜する診療科に関係なく算定できます）。気をつけなくてはいけないことは，複数科を標榜する保険医療機関で，外来患者さんが2以上の傷病名で複数科を受診したとき，「一方の科で処置や手術等を算定した場合」に，他科においては外来管理加算を算定できません。

コラム22　外来管理加算の医学的な意義

　外来管理加算は，医師による，ていねいな問診，詳細な身体診察（視診，聴診，打診および触診など），および，その結果を踏まえた患者さんの症状の再確認，ならびに，病状や療養上の注意点等を患者さんに懇切ていねいに説明し，患者さんの療養上の疑問や不安を解消する取り組みを評価するものです。医科診療報酬点数表の原文を引用すると，「入院中の患者以外の患者に対して，慢性疼痛疾患管理並びに一定の検査，リハビリテーション，精神科専門療法，処置，手術，麻酔及び放射線治療を行わず，懇切丁寧な説明が行われる医学管理」を評価するものです。

　したがって，算定するにあたっては，医師がていねいな問診と詳細な身体診察（視診，聴診，打診および触診など）を行い，それらの結果を踏まえて，患者さんに対して症状の再確認を行いつつ，病状や療養上の注意点等を懇切ていねいに説明するとともに，患者さんの療養上の疑問や不安を解消するための取り組みを行うことが必要です。また，小児や認知症の患者さん等，本人から症状を聴取することが困難な場合では，家族等から症状を聞いて本人に対して診察を行い，家族等に対して懇切ていねいな説明を行った場合にも算定します。

　なお，標榜する診療科に関係なく算定しますが，複数科を受診し，1つの科で算定した場合は他科では算定しません。また，往診料を算定した場合でも算定します。

〔外来管理加算が算定できない場合〕
- やむをえない事情で看護にあたっている者から症状を聞いて薬剤を投与した場合
- 電話再診の場合

〔外来管理加算の算定要件〕
- 問診し，患者さんの訴えを総括する。
- 身体診察によって得られた所見，およびその所見にもとづく医学的判断等の説明を行う。
- これまでの治療経過を踏まえた療養上の注意点等の説明・指導を行う。
- 患者さんの潜在的な疑問や不安等をくみとる取り組みを行う。

基本診療料
↓
初診，再診，および入院の際に行われる基本的な診療行為の費用を一括して評価するもの

外来管理加算

（身体所見）
・視診
・聴診
・触診
・打診
⋮

（医療面接）
・患者さんの訴え
・現病歴
・既往歴
・薬剤歴
・家族歴
⋮

このほか，簡単な検査，処置等の費用が含まれます

時間外の診療の加算

時間外加算,深夜加算,休日加算,時間外特例加算,夜間・早期等加算,小児科特例加算の算定要件について,それぞれわかりやすく教えてください。また,併算定可能な項目を教えてください。
　休日加算を算定できる場合とは,具体的にどのような場合でしょうか？外来応需の体制とはどのようなことをいうのでしょうか？

受診時間による加算には,時間外加算,休日加算,深夜加算,小児科特例加算,夜間・早朝等加算があります。

(1) 時間外加算
　時間外加算は,表示する診療時間以外であって,「診療に応じられる体制を解いた後」に,来院した「急患を診察した場合」の加算です。
　6歳未満は乳幼児時間外加算を算定します。

(2) 休日加算
　休日加算は,日曜日および国民の祝日に診察を行った場合に算定します。
　また,12月29日から1月3日についても,休診の体制であれば,算定できます。

(3) 深夜加算
　深夜加算は,午後10時から翌午前6時までの間に診察を行った場合に算定します。

(4) 小児科特例加算
　小児科特例加算は,「小児科を標榜」していて,「標榜する診療時間が夜間,休日または深夜にかかる診療所の場合」,「診療時間内であっても6歳未満の乳幼児に対して初診または再診を行った際に加算」できます。

(5) 夜間・早朝等加算
　夜間・早朝等加算は,届出をして施設基準を満たせば,その医療機関の

「標榜する時間内であっても，以下の時間の診察」で，初診料または再診料に加算ができます。

① 平日；夜間午後6時から午後10時まで，早朝午前6時から午前8時まで
② 土曜；午後0時から午後10時まで，早朝午前6時から午前8時まで
③ 休日または深夜

診療所の基本診療科
〔一般（6歳以上）〕

		時間内	診療した時間による加算（表示診療時間外） 時間外	休日	深夜	地域包括診療加算	外来管理加算	時間外対応加算 1	2	3	明細書発行体制等加算
初診料	1科目	282	初診は+85点	初診は+250点	初診は+480点	(初診では算定不可)					
	2科目	141				(加算点数は算定不可)					
	3科目以上	0				(加算点数は算定不可)					
再診料	1科目	72	再診は+65点	再診は+190点	再診は+420点	+20	+52	+5	+3	+1	+1
	2科目	36 (患者さんの意思による場合)				(加算点数は算定不可)					
	3科目以上	0				(加算点数は算定不可)					

〔乳幼児（6歳未満）〕

		時間内（乳幼児加算として1科目のみ 初診は+75点，再診は+38点）	診療した時間による加算（表示診療時間外）（小児科は標榜診療時間内も可） 時間外	休日	深夜	地域包括診療加算	外来管理加算	時間外対応加算 1	2	3	明細書発行体制等加算
初診料	1科目	357	初診は+200点	初診は+365点	初診は+695点	(初診では算定不可)					
	2科目	141				(加算点数は算定不可)					
	3科目以上	0				(加算点数は算定不可)					
再診料	1科目	110	再診は+135点	再診は+260点	再診は+590点	+20	+52	+5	+3	+1	+1
	2科目	34 (患者さんの意思による場合)				(加算点数は算定不可)					
	3科目以上	0				(加算点数は算定不可)					

* 時間外＝おおむね午前8時前，および午後6時以降（土曜日は正午以降）
* 休日＝日曜，祝日，振替休日，1月2，3日，および12月29〜31日
* 深夜＝おおむね午後10時から午前6時まで
* 乳幼児加算と時間外加算（休日，深夜も含める）の併算定不可。
* 届出によって標榜診療時間内であっても，時間外，休日，深夜に初診または再診には夜間・早朝等加算（＋50点）を算定可能（診療所の場合）。
* 地域包括診療加算，外来管理加算，時間外対応加算についてはそれぞれの要件を満たすことが算定の条件。
* 時間外特例医療機関（主に救急医療機関）については省略した。

同日初診料，同日再診料と加算

> 同日初診料，同日再診料では，時間外加算や乳幼児加算も算定できますか？

同日初診料，同日再診料では，時間外加算や乳幼児加算は算定できません。

　同日初診料，同日再診料とは，医療機関の事情によらず患者さんの意思により医療法上の複数標榜診療科を受診した場合に，同一医療機関で2つ目の診療科に限り，141点（2科のいずれかが初診の場合），36点（いずれもが再診の場合）が算定できるというものです。

　ただし，それぞれに医師が異なる必要があり，同一日に受診する他の傷病（1つ目の診療科で診療を受けた疾病または診療継続中の疾病と同一の疾病，あるいは，互いに関連のある疾病以外の疾病）が対象です。

　また，初・再診料にかかわる各加算は1つ目にしか加算できません。つまり，再診時の外来管理加算，時間外対応加算，明細書発行体制等加算，地域包括診療加算は算定できません。

　なお，3つ目以降の診療科については，初診料も再診料も算定できません。

PART2 外来に関すること

〔複数科受診〕
　医療機関の事情によらずに患者さんの意志により複数標榜診療科を受診した場合に，同日初診料，同日再診料が算定できる。
　ただし，時間外加算や乳幼児加算は2科目で算定不可。

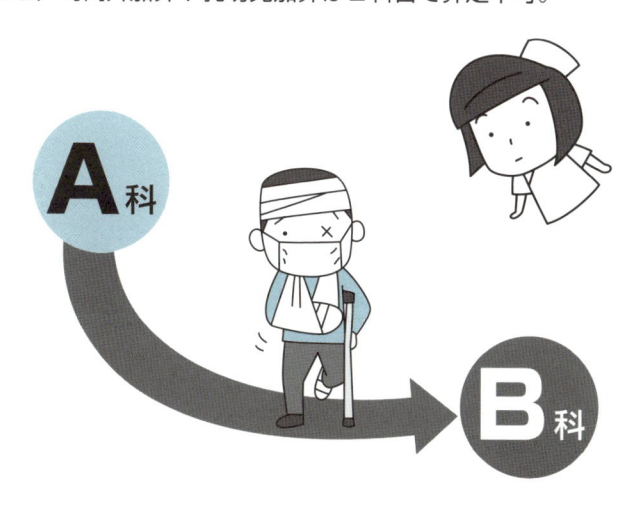

〔乳幼児加算等の具体的な年齢〕

新生児	生後4週間未満
乳児	1歳未満
幼児	7歳未満
小児	15歳未満
成人	15歳以上

〔時間外加算等の具体的な時間〕

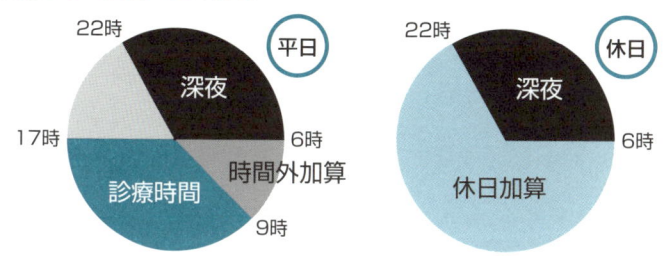

平日
22時／深夜／6時／時間外加算／9時／診療時間／17時

休日
22時／深夜／6時／休日加算

コラム23　他の診療科，他の疾病

他の診療科とは医療法施行令に定められた診療科のことで，レセプトに記載する診療科や医療機関の標榜科ではないので注意が必要です。

また，同一疾患でなくとも，関連のある疾病であれば他の疾病とはみなされません。たとえば，糖尿病で内科管理中の患者さんが糖尿病性網膜症疑いで眼科を受診した場合などは他の疾病とはみなされません。

コラム24　時間外特例加算

時間外特例加算（＝時間外特例医療機関加算）は，地域医療支援病院，救急病院，救急のための病院群輪番制に参加している医療機関が対象となります。算定する点数は，一般の時間外加算より高点数です。なお，深夜加算や休日加算に該当する時間帯は，深夜加算，休日加算で算定します。

この時間外特例加算（＝時間外特例医療機関加算）は，基本診療料の初診料，再診料，外来診療料それぞれについて，時間外加算の規定の中で，「時間外加算の特例について」という項目に書かれています。

コラム25　小児科外来診療料

小児科外来診療料は，小児科を標榜している医療機関があらかじめ地方厚生局長等に届け出ていれば算定できます。これは外来診療を包括する点数設定であり，初診料，再診料，外来診療料も含まれます。原則的に医療機関単位で算定し，患者さんごとに算定するかどうかを決めることはできません。つまり，3歳未満のすべての患者さんについて算定することになります。

ただし，在宅療養指導管理料を算定する患者さん等は対象になりません。

コラム26　地域連携小児夜間・休日診療料

地域連携小児夜間・休日診療料は，小児の救急医療を担う入院施設のある医療機関で所定の施設基準を満たすとして地方厚生局長に届け出た医療機関で算定できます。地域連携小児夜間・休日診療料2については24時間体制で，地域連携小児夜間・休日診療料1は夜間と休日の体制が整備される必要があります。

小児科外来診療料と地域連携小児夜間・休日診療料は，基本診療料ではなくいずれも特掲診療料の医学管理等の中に設定されています。

コラム27　小児科に関係する診療報酬項目

- 小児悪性腫瘍患者指導管理料
  - … 特定疾患指導管理料，小児科外来診療料，皮膚科特定疾患指導管理料，他の在宅指導管理料と併せて算定不可
- 小児科外来診療料
  - … 小児悪性腫瘍患者指導管理料，他の在宅指導管理料と併せて算定不可
- 地域連携小児夜間・休日診療料
- 乳幼児栄養指導料
- 小児科乳幼児休日診療加算
- 小児科乳幼児休日深夜診療加算
- 小児科乳幼児時間外診療加算
- 小児科療養診療料
- 小児特定疾患カウンセリング料
- 小児特定集中治療室管理料
- 小児入院医療管理料1，2，3，4，5
- 小児放射線治療加算
- 小児療養環境特別加算
- 小児食物アレルギー負荷試験
- 小児創傷処理
- 乳幼児育児栄養指導料
- 乳幼児休日加算
- 乳幼児休日診療加算
- 乳幼児胸部単純撮影フィルム料

生活習慣病管理料と地域包括診療料,地域包括診療加算

> 生活習慣病管理料と地域包括診療加算,または地域包括診療料は併算定できますか?

生活習慣病管理料と地域包括診療料は併算定できません。一方,生活習慣病管理料と地域包括診療加算は両方の条件を満たせば併算定可能です。

　生活習慣病管理料と地域包括診療料は対象としている疾患が重なっており,患者さんに対して行う指導内容も重なるため,併算定できません。一方,再診料の地域包括診療加算については地域包括診療料と包括範囲が異なり,医学管理等との併算定が可能です。

　なお,生活習慣病管理料では,高血圧症,糖尿病,脂質異常症のうち1疾患以上ですが,地域包括診療料または地域包括診療加算は高血圧症,糖尿病,脂質異常症,認知症のうち2疾患以上を有する患者さんが対象となります。

　また,生活習慣病管理料ならびに地域包括診療料のいずれにおいても,疾病に対する計画的な治療管理,療養上必要な指導,検査,投薬が含まれます。この中での「治療管理や指導」とは,一般に栄養,運動,休養,服薬,喫煙,飲酒等の生活習慣全般にわたるものが想定されています。

コラム28　地域包括診療料，地域包括診療加算

　地域包括診療料，地域包括診療加算では左の解説に加えて，健康相談の実施，検診の受診勧奨（96ページ参照）と結果管理も行う必要があり，さらに医療機関としての要件として，介護保険関連の相談，患者さんへの24時間対応の体制が整備されていることが必要となります。
　また，地域包括診療料や地域包括診療加算では，担当医を決める必要があり，院外処方の場合には連携する保険薬局も患者さんに1つ選んでもらい原則的に固定します（106ページ参照）。

コラム29　アトピー性皮膚炎の患者さんに対する皮膚科特定疾患指導管理料の算定

　皮膚科の専任担当医が，外用療法を必要とする16歳以上のアトピー性皮膚炎の患者さんに，計画的な治療と必要な指導を行い，その要点をカルテに記載することで皮膚科特定疾患指導管理料（Ⅱ）が算定できます。
　皮膚科特定疾患指導管理料は，皮膚科を専任とする医師の技術料であり，該当する皮膚科疾患の患者さんに対する計画的な指導管理を行った場合に月1回算定できます。<u>単なる薬の処方のみでなく，生活上の指導を含めて行い，診療計画と指導内容の要点はカルテに記載しておかなければなりません。</u>
　皮膚科特定疾患指導管理料の対象疾患は，次のとおりです。

〔皮膚科特定疾患指導管理料（Ⅰ）〕
　天疱瘡，類天疱瘡，エリテマトーデス（紅斑性狼瘡），紅皮症，尋常性乾癬，掌蹠膿疱症，先天性魚鱗癬，類乾癬，扁平苔癬，結節性痒疹（慢性型で経過が1年以上のものに限る）

〔皮膚科特定疾患指導管理料（Ⅱ）〕
　帯状疱疹，じんま疹，アトピー性皮膚炎（16歳以上の患者さんで外用療法を必要とする場合に限る），尋常性白斑，円形脱毛症，脂漏性皮膚炎（脂漏性湿疹，および脂漏性乳児皮膚炎を指し，次のものは含まない。乾性脂漏症，単純性顔面粃糠疹，頭部脂漏，乳痂，粃糠疹，新生児皮脂漏）

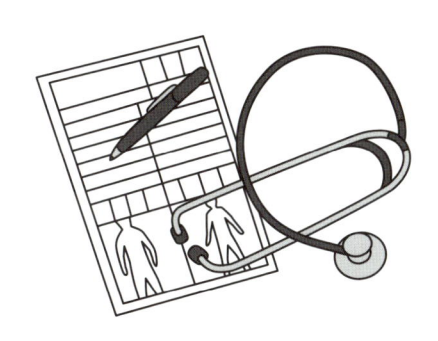

ウイルス肝炎の指導料

特定疾患療養管理料の対象疾患に慢性ウイルス肝炎がありますが，ウイルス疾患指導料との区分はどうなるのでしょう？

　肝炎ウイルス疾患患者に対するウイルス疾患指導料は患者さん1人につき1回に限り算定できますが，特定疾患療養管理料は，治療計画にもとづき療養上必要な管理を行った場合に，月2回まで算定できます。

〔ウイルス疾患指導料〕

　算定要件の1つとして，医師が指導の内容をカルテに記載しなければいけません。

　ウイルス疾患指導料には「イ」と「ロ」があり，「イ」は肝炎ウイルス疾患または成人T細胞性白血病に罹患している患者さんで，かつ，他人に対して感染させる危険がある者，またはその家族に対して，療養上必要な指導およびウイルス感染防止のための指導を行った場合に算定できます。患者さん1人に対して1回のみの算定です。

　「ロ」は後天性免疫不全症候群（エイズ，AIDS）に罹患している患者で，かつ，他人に対して感染させる危険がある者，またはその家族に対して，療養上必要な指導およびウイルス感染防止のための指導を行った場合に算定できます。こちらも患者さん1人に対して月1回のみの算定です。

　なお，同一患者さんに対して，同月内に「イ」，「ロ」ともに行った場合には主たるもの一方の点数のみを算定します。

〔特定疾患療養管理料の対象となる慢性ウイルス肝炎〕

　肝炎ウイルス疾患患者に対するウイルス疾患指導料は患者さん1人につき1回に限り算定ですが，特定疾患療養管理料の対象となる慢性ウイルス肝炎

では，治療計画にもとづき療養上必要な管理を行った場合に，月2回まで算定できます（ウイルス疾患指導料と特定疾患療養管理料はどちらかしか算定できません〔併算定不可〕）。また，認知症の患者さんの場合には，その家族に対して療養上の指導・管理を行った場合も算定できます。

　ただし，初診の日または退院の日から1か月以内に行った管理に関しては算定できません。

　さらに，この管理料はプライマリケア機能を担う地域のかかりつけ医師が計画的に療養上の管理を行うことを評価したもので，病床数が200床以上の病院では算定できません。

初診の日または退院の日から1か月以内に行った管理に関しては特定疾患療養管理料は算定できません。

ウイルス疾患の診断
初 診

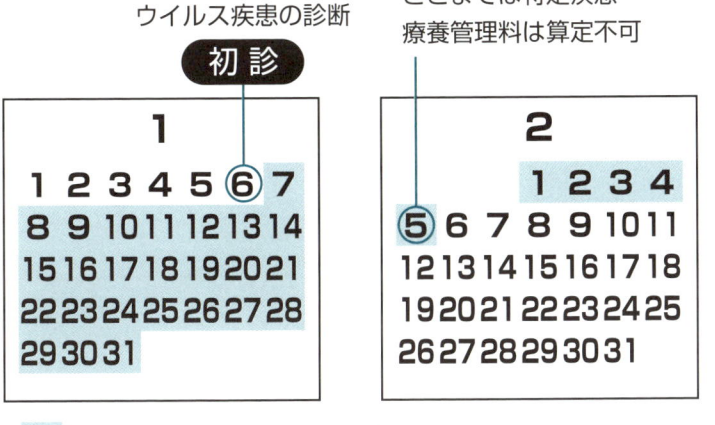

ここまでは特定疾患療養管理料は算定不可

1
1 2 3 4 5 ⑥ 7
8 9 10 11 12 13 14
15 16 17 18 19 20 21
22 23 24 25 26 27 28
29 30 31

2
1 2 3 4
⑤ 6 7 8 9 10 11
12 13 14 15 16 17 18
19 20 21 22 23 24 25
26 27 28 29 30 31

　　……ウイルス疾患指導料は算定できる

悪性腫瘍特異物質治療管理料と腫瘍マーカー

胃がんの手術後でCEAを測定して悪性腫瘍特異物質治療管理料を算定している患者さんについて，前立腺がんを疑ってPSAを測定した場合，PSAについては検査についての検体検査料と判断料を算定できますか？

　胃がんの手術後でCEAを測定して悪性腫瘍特異物質治療管理料を算定している患者さんについて，前立腺がんを疑ってPSAを測定した場合，PSAについては検査料も判断料も算定できません。

　悪性腫瘍特異物質治療管理料は，すでに悪性腫瘍の確定診断がされた患者さんについて，腫瘍マーカー検査を実施し，その結果による計画的な治療管理を行った場合に月1回算定できます。腫瘍マーカー検査の結果と治療計画の要点をカルテに記載することが必要です。なお，悪性腫瘍特異物質治療管理料には腫瘍マーカー検査の費用が含まれていますので，検査料を別途算定することはできません。なお，悪性腫瘍を疑って腫瘍マーカー検査を行う場合には，通常の検査料（検体検査料と判断料）で算定します。
　また，ある悪性腫瘍のフォローアップで悪性腫瘍特異物質治療管理料を算定した場合には，原則的に他の悪性腫瘍を疑って行う腫瘍マーカー検査の検査料を算定することができません。つまり，胃がんの手術後でCEAを測定して悪性腫瘍特異物質治療管理料を算定している患者さんについて，前立腺がんを疑ってPSAを測定した場合，PSAについては検査料も算定できないことになります。ただし，

- 肝硬変や慢性ウイルス肝炎でのαフェトプロテイン（AFP）や，PIVKA-II
- 家族性大腸腺腫症でのCEA
- 急性膵炎や慢性膵炎でのエラスターゼ1
- 子宮内膜症でのCA125，CA130，CA602

については，別の悪性腫瘍のフォローアップで何らかの腫瘍マーカー検査を行い，悪性腫瘍特異物質治療管理料を算定した上に，検査料としての腫瘍マーカー検査の検体検査料と判断料を併せて算定することができます。

コラム30　糖尿病に関する医学管理料

糖尿病患者さんに関する医学管理には，糖尿病合併管理料，糖尿病透析予防指導管理料，在宅自己注射指導管理料，生活習慣病管理料等があります。

糖尿病合併管理料，糖尿病透析予防指導管理料，在宅自己注射指導管理料，生活習慣病管理料のいずれも算定要件が多くありますので，算定にあたっては診療報酬の関連書等を参考の上，よく注意してください。

〔糖尿病合併管理料〕

以下のいずれかの糖尿病足病変ハイリスク要因を有する入院中の患者さん以外の患者さんが対象です。
- 足潰瘍，足趾・下肢切断既往
- 閉塞性動脈硬化症
- 糖尿病神経障害

〔糖尿病透析予防指導管理料〕

医師が透析予防に関する指導の必要性があると認めた入院中の患者さん以外の患者さん（別に厚生労働大臣が定める者に限る）に対して，医師，看護師または保健師および管理栄養士等が共同して必要な指導を行った場合に，月1回に限り算定します。

〔在宅自己注射指導管理料〕

在宅自己注射指導管理料は，別に厚生労働大臣が定める注射薬の自己注射を行っている入院中の患者さん以外の患者さんに対して，自己注射に関する指導管理を行った場合に算定します。

〔生活習慣病管理料〕

別に厚生労働大臣が定める基準を満たす保険医療機関（許可病床数が200床未満の病院または診療所に限る）において，脂質異常症，高血圧症または糖尿病を主病とする患者さん（入院中の患者さんを除く）に対して患者さんの同意を得て治療計画を策定し，当該治療計画にもとづき，生活習慣に関する総合的な治療管理を行った場合に，月1回に限り算定します（ただし，糖

尿病を主病とする場合，在宅自己注射指導管理料を算定しているときは算定できません）。

　さらに，糖尿病を主病とする患者さん（2型糖尿病の患者さんであってインスリン製剤を使用していない方に限る）に対して，血糖自己測定値にもとづく指導を行った場合は，年1回に限り所定点数に500点を加算します。

コラム31　てんかん患者さんの診療の注意点

　てんかん患者さんの指導については「てんかん指導料」が算定できます。これは標榜する診療科を担当する医師が，てんかんの患者さんに対して，治療計画にもとづき療養上，必要な指導を行った場合に，月1回に限り算定できます。

　ただし，標榜科はてんかんを治療する小児科，神経科，神経内科，精神科，脳神経外科または心療内科に限られます。また，カルテには診療内容と治療計画の要点を記載することが算定要件となっています。

コラム32　特定薬剤治療管理料

　特定薬剤治療管理料は，算定回数は月1回，初回月は470点，4月目以降は235点を算定します。

　対象患者さんは対象となる特定薬剤を投薬治療されている患者さんです。

　対象患者さんの薬物血中濃度を測定して計画的な治療管理を行った場合に算定します。また，カルテに薬物の血中濃度と治療計画の要点を記載することが算定要件となっています。

特定薬剤治療管理料の算定に該当する製剤名

専門科等	製剤名	対象疾患	投与方法等
循環器	ジギタリス製剤	心疾患	重症うっ血性心不全の患者さんに急速飽和で投与した場合は算定点数が変わる。
	抗不整脈用剤（プロカインアミド，N-アセチルプロカインアミド，ジソピラミド，キニジン，アプリンジン，リドカイン，ピルジカイニド塩酸塩，プロパフェノン，メキシレチン，フレカイニド，シベンゾリンコハク酸，ピルメノール，アミオダロン，ソタロール塩酸塩，ベプリジル塩酸塩）		継続的に投与
呼吸器	テオフィリン製剤	喘息，COPD等	
脳神経	抗てんかん薬	てんかん	全身性けいれん発作重積状態の患者さんに注射により投与した場合は算定点数が変わる。

PART2 外来に関すること

脳神経	バルプロ酸ナトリウム	片頭痛	
精神	・ハロペリドール製剤 ・ブロムペリドール製剤	統合失調症	
	リチウム製剤	躁うつ病	
	・バルプロ酸ナトリウム ・カルバマゼピン	・躁うつ病 ・躁病	
リウマチ	サリチル酸系製剤	・若年性関節リウマチ ・リウマチ熱 ・慢性関節リウマチ	継続的に投与
がん	イマチニブ	慢性骨髄性白血病等	
	メトトレキサート	悪性腫瘍	
抗菌薬・抗真菌薬	・アミノグリコシド（アミノ酸配糖体抗生物質） ・バンコマイシン・テイコプラニン（グリコペプチド系抗生物質）		・入院中の患者さんのみ ・数日間以上投与
	ボリコナゾール（トリゾール系抗真菌剤）	重症または難治性の真菌感染症	
免疫抑制剤	ミコフェノール酸モフェチル	臓器移植における拒否反応の抑制	
	タクロリムス水和物	・臓器移植における拒否反応の抑制 ・全身型重症筋無力症 ・関節リウマチ ・ループス腎炎 ・潰瘍性大腸炎 ・間質性肺炎（多発性筋炎，皮膚筋炎に合併するもの）	
	シクロスポリン	・臓器移植における拒否反応の抑制 ・ベーチェット病 ・重度の再生不良性貧血 ・赤芽球癆 ・尋常性乾癬 ・膿疱性乾癬 ・乾癬性紅皮症 ・関節症性乾癬 ・全身型筋無力症 ・アトピー性皮膚炎 ・ネフローゼ症候群	・ベーチェット病については活動性・難治性眼症状を有する患者さん，またはその非感染性ぶどう膜炎（視力低下の恐れのあるもの）の患者さん ・アトピー性皮膚炎については，既存の治療で十分な効果が得られない患者さんに限る
	エベロリムス	・臓器移植における拒否反応の抑制 ・結節性硬化症にともなう上衣下巨細胞性星細胞腫	

ニコチン依存症管理料の注意点

ニコチン依存症管理料について，どのような診察を行いますか？

以下のとおりです。

(1) 初回診察

禁煙治療
① 禁煙状況，禁煙の準備性，TDSによる評価結果の確認
② 禁煙状況とニコチン摂取量の客観的評価と結果説明（呼気一酸化炭素濃度測定等）
③ 禁煙開始日の決定
④ 禁煙にあたっての問題点の把握とアドバイス
⑤ 禁煙補助薬（ニコチン製剤またはバレニクリン）の選択と説明

(2) 再診　初診診察から2，4，8，12週間後（計4回）

禁煙治療
① 喫煙（禁煙）状況や離脱症状に関する問診
② 禁煙状況とニコチン摂取量の客観的モニタリングと結果説明（呼気一酸化炭素濃度測定等）
③ 禁煙継続にあたっての問題点の把握とアドバイス
④ 禁煙補助薬（ニコチン製剤またはバレニクリン）の選択と説明

解説

　ニコチン依存症管理料は，入院中の患者さん以外の患者さんに対して「禁煙治療のための標準手順書」に沿って，初回の当該管理料を算定した日から起算して12週間にわたり計5回の禁煙治療を行った場合に算定できます。

初回	230点
2回目，3回目および4回目（2週目，4週目および8週目）	184点
5回目（最終回）（12週目）	180点

　対象患者さんは，次のすべてに該当する患者さんで，医師がニコチン依存症の管理が必要であると認めた患者さんです。
- ニコチン依存症のスクリーニングテスト（TDS）で，ニコチン依存症と診断された
- ブリンクマン指数（＝1日の喫煙本数×喫煙年数）が200以上
- 患者さん自身が直ちに禁煙することを希望し，「禁煙治療のための標準手順書」（日本循環器学会，日本肺癌学会，日本癌学会および日本呼吸器学会により作成）に則った禁煙治療について説明を受け，当該治療を受けることを文書により同意していること

　また，医療機関に以下の施設基準が求められます。
- 禁煙治療を行っている旨を医療機関内の見やすい場所に掲示
- 禁煙治療の経験を有する医師が1名以上勤務している。なお，当該医師の診療科は問わない
- 禁煙治療にかかわる専任の看護師または准看護師を1名以上配置
- 禁煙治療を行うための呼気一酸化炭素濃度測定器を備えている
- 医療機関の敷地内が禁煙（医療機関が建物全体の一部分を用いて開設されている場合は，保有または借用している部分が禁煙）
- ニコチン依存症管理料を算定した患者さんのうち，喫煙をやめた方の割合等を，地方厚生（支）局長に報告

　なお，算定の要件等は，詳しくは他書を参考にしてください。

疾患別リハビリテーション料の1患者1項目算定制限の理由

疾患別リハビリテーション料はなぜ1患者1項目しか算定できないのでしょうか？

それぞれの患者さんについて「総合的に勘案」して，最も適当な区分に該当する疾患別リハビリテーション料を算定できることになっているためです。

疾患別リハビリテーション料には，心大血管疾患リハビリテーション料，脳血管疾患等リハビリテーション料，運動器リハビリテーション料，呼吸器リハビリテーション料があります。それぞれの患者さんについて「総合的に勘案」して，最も適当な区分に該当する疾患別リハビリテーション料を算定します。また，開始日の扱いは，それぞれのリハビリテーション料で異なります（詳細は他書で確認してください）。

〔心大血管疾患リハビリテーション料〕
心大血管疾患リハビリテーション料は，「心機能の回復と再発予防」が目的で，心肺機能の評価による適切な運動処方にもとづく運動療法を行います。

〔脳血管疾患等リハビリテーション料〕
脳血管疾患等リハビリテーション料は，「基本的動作能力の回復等を通して，日常生活での自立を図ること」が目的で，運動療法，歩行訓練，日常生活活動訓練，物理療法，作業療法，（言語聴覚機能に障害をもつ患者さんに対して）言語機能もしくは聴覚機能にかかわる訓練などを行います。

〔運動器リハビリテーション料〕
運動器リハビリテーション料は，「基本的動作能力の回復等を通して，日常生活での自立を図ること」が目的で，運動療法，歩行訓練，日常生活活動

訓練，物理療法，作業療法などを行います。
〔呼吸器リハビリテーション料〕
　呼吸器リハビリテーション料は，「日常生活能力の回復を図ること」が目的で，呼吸訓練や運動療法を行います。

> **コラム33　あん摩マッサージ指圧師等**
> 　理学療法は理学療法士が，作業療法は作業療法士がそれぞれ行うのが原則ですが，運動器リハビリテーション（Ⅲ）については，運動療法機能訓練技能講習会を受講し，定期的に適切な研修を終了しているあん摩マッサージ指圧師等が，医師または理学療法士からの指示および報告により実施した場合でも算定することができます。
> 　ただし，他の疾患別リハビリテーション料でも同様ですが，医師はリハビリテーションの実施計画策定や効果判定，計画の変更，終了の判断，さらに患者さんへの説明とその内容についてカルテに記載しなければなりません。

> **コラム34　外来リハビリテーション診療料**
> 　外来リハビリテーション診療料は，リハビリテーションを実施中の状態が比較的安定している患者さんについて，週に1回（外来リハビリテーション診療料1）あるいは2週に1回（外来リハビリテーション診療料2），医師による診察時に算定します。これを算定した場合，基本診療料は算定しません。
> 　つまり，外来リハビリテーション診療料を算定した場合，再診料（基本診療料）は算定しません。
> 　理学療法，作業療法といったリハビリテーションの実施は理学療法士や作業療法士が活躍する場面ですが，リハビリテーションの計画策定や効果判定，計画の変更，終了の判断，さらに患者さんへの説明と，その内容についてのカルテへの記載は医師がしなければなりません。
> 　なお，点数表では患者さんへの説明は特段の定めのある場合を除き，3か月に1回以上行うこととされており，漫然とリハビリを継続することがないように注意しなければなりません。

> **コラム35　介護保険リハビリテーション移行支援料**
> 　介護保険リハビリテーション移行支援料は，維持期のリハビリテーションを実施中の外来患者で，介護支援専門員（ケアマネジャー）等と連携して介護サービス計画書（ケアプラン）の作成を支援し，医療保険でのリハビリから，介護保険でのリハビリへの円滑な移行が果たせた場合に算定します。
> 　ケアプランをカルテに添付し，介護保険のリハビリ開始日と医療保険のリハビリ終了日をレセプトに記載する必要があります。

Part3

在宅医療に関すること

在宅医療の交通費

在宅医療（往診，訪問診療等）の提供にともなって交通費が発生しますが，どのように請求したらよいでしょうか？

　往診や訪問診療の交通費は実費で患者さん，あるいはその家族に請求することになります。

　公共交通機関で移動する場合はその実費ですが，ほとんどの場合は自家用車での移動でしょうから，その場合にはガソリン代の実費になります。ただし，自転車やスクーター（原付）等の費用は往診料に含まれていることとなっているので別途，交通費を請求することはできません。

　往診や訪問診療は，原則として医療機関から患者さん宅までの距離が16km以内とされており，その交通費は実費で患者さん，あるいはその家族に請求することになります。

　実際の交通費の取り扱いは，往診に出る前に患者さん，あるいはその家族に説明の上，決めておきましょう（自家用車での往診はほとんどの場合，交通費を医療機関が負担し，患者さんからは受け取っていないようです）。

コラム36　在宅訪問診療の距離制限
　往診料や在宅患者訪問診療料では，原則的に医療機関から患者さん宅までの距離を16km以内とされています。例外的に16kmを超えてもこれらを算定できるのは，16km以内に対応できる保険医療機関がない場合です。

コラム37　在宅自己導尿指導管理料の算定にあたって
　在宅自己導尿指導管理料の対象患者は，下記の患者さんのうち，排尿困難で残尿が多い者で，在宅自己導尿を行うことが必要と医師が認めた者です。

- 諸種の原因による神経因性膀胱
- 下部尿路通過障害（前立腺肥大症，前立腺癌，膀胱頸部硬化症，尿道狭窄等）
- 腸管を利用した尿リザーバー造設術の術後

　在宅自己導尿指導管理を実施する患者さんの家（患家）の状態としては，患者さん自身が自己導尿できる環境にあるか，または，（患者さん自身が導尿できない場合）家族の手伝いが可能であることが必要です。指導する医療機関に特別な設備は必要ありません。

　なお，在宅自己導尿指導管理料を算定している患者さんについては，「J064」導尿（尿道拡張を要するもの），「J060」膀胱洗浄，「J060-2」後部尿道洗浄（ウルツマン），および「J063」留置カテーテル設置の費用（薬剤および特定保険医療材料にかかる費用を含む）は算定できませんので注意してください。

コラム38　カテーテルについて

　自己導尿用のカテーテルの費用は，所定点数に含まれますので別途算定できません。もちろん在宅療養指導管理料の通則にあるように，消毒薬，ゼリー等も所定点数に含まれているため別に算定できません。

　ただし，間歇導尿用ディスポーザブルカテーテルを使用した場合には，間歇導尿用ディスポーザブルカテーテル加算（600点）を加算できます。

自宅で自己導尿を行うために用意するもの

- 清浄綿
- ケース
- ペンライト
- 計量カップ
- カテーテル
- ディスポーザブルカテーテル
- 潤滑油
- 消毒液

※この他，鏡，懐中電灯，排尿日誌など

往診料と在宅患者訪問診療料の違い

> 往診料と在宅患者訪問診療料は同一患者さんで同一日に併算定できますか？

原則として，往診料と在宅患者訪問診療料など，在宅患者診療・指導料の項目について，複数を同一日に算定することはできません。定期の訪問診療の際に病状が悪く，翌日以降に定期外に訪問診療を行った場合も在宅患者訪問診療料を算定します。

ただし，在宅患者訪問診療料などの定期的あるいは計画的な訪問診療の後，患者さんの病状が急変したために往診を行った場合は，同一日に在宅患者訪問診療料と往診料の両方を算定することができます。

往診料は，患者さんあるいはその家族からの要請に応じて，患者さん宅（患家）におもむき診療を行った場合に算定します。

一方，「定期的」あるいは「計画的」に，患者さん宅を訪れて診療を行う場合には診療報酬上は往診料ではなく，在宅患者訪問診療料を算定します。在宅患者訪問診療料は，在宅療養を行っていて自力での通院ができない患者さんに対して，医師が患者さん宅を訪問して診療した場合を対象としています。自力で通院できる患者さんには来院してもらうことが原則です。

原則として往診料と在宅患者訪問診療料など，在宅患者診療・指導料の範疇の項目について複数を同一日に算定することはできません。ただし，在宅患者訪問診療料などの定期的あるいは計画的な訪問診療の後，患者さんの病状が急変したために往診を行った場合は，同一日に在宅患者訪問診療料と往診料の両方を算定することができます。しかし，気をつけたいのは，定期の

訪問診療の際に病状が悪く，翌日以降に定期外に訪問診療を行った場合も在宅患者訪問診療料のみを算定することです。

なお，在宅患者訪問診療料は一般の場合には週3回まで，急性増悪の際は1月に限り連続14日を上限に算定することができます。

つまり，一般的な訪問診療は在宅患者訪問診療料で算定し，急病や急変などで予定外に必要となった場合を往診料と考えればよいでしょう。

コラム39　在宅療養

症状が安定しており，患者さん自らが在宅で医療行為を行う必要がある場合に，医師の指導のもとで行うことが認められており，これを「在宅療養」といいます。

患者さんの在宅療養の際に，その指導管理を行う医療機関ではそれぞれの算定要件を満たすことで在宅療養指導管理料のいずれか，主なもの1つを算定します（患者さんが初診か再診かは問いません）。また，複数の医療機関で指導管理が行われている場合は，主たる指導管理を行っている医療機関においてのみ算定します。

なお，在宅療養指導管理に用いる消毒薬，衛生材料，酸素，注射器，注射針，翼状針，カテーテル，膀胱洗浄用注射器，クレンメ等は，所定点数に含まれているため，医療機関が患者さんに支給すべきものであり，別に算定できません。

コラム40　在宅療養を実施する医療機関

在宅療養を実施する医療機関では，緊急事態に対処できるよう施設の体制が必要です。

たとえば，入院施設を有しない診療所で在宅療養を実施するには，緊急時に入院ができるように他の入院可能な施設と密接な連携をとりうる体制を確保し，緊急入院ができる病床が常に確保されていることが必要です。

とくに，在宅血液透析指導管理料は施設基準があるので注意が必要です。すなわち，専用透析室および人工腎臓装置を備えること，患者さんが血液透析を行っている時間においては患者さんからの緊急の連絡を受けられる体制をとることが必要です。

往診の結果，とくに緊急の治療を要する疾患がなかった場合

往診の結果，とくに緊急の治療を要する疾患がなかった場合でも往診料，および，緊急往診加算は算定できますか？

往診したところ疾患が発見されず，また，緊急往診を実施したところ，とくに緊急を有することがなかったとしても，どちらも算定できます。

　往診料は，患家の求めに応じて患家におもむき診療を行った場合に算定するものですが，定期的ないし計画的におもむいて診療を行った場合には算定できません。

　さらに，緊急往診加算は，標榜診療時間内に患者さんまたは家族から緊急の往診を求められ，情報から医学的に緊急性を有する疾患（具体的には，急性心筋梗塞，脳血管障害，急性腹症等）を疑うと判断された場合に算定されます。

　結果として，疾患が発見されず，とくに緊急を要することがなかったとしても算定できます。

コラム41　長時間訪問看護・指導加算

　長時間訪問看護・指導加算は，厚生労働大臣が定める長時間の訪問を要する者（詳細は他章を参照してください）に対して，1回の訪問看護・指導の時間が90分を超えた場合に週1回（15歳未満の超重症児または準超重症児の場合にあっては週3回）に限り算定できます。

　在宅医療では，計画的に診療を行うことによって医療従事者の滞在を適切

にすることが望まれます。そのためには日ごろから医師・看護師らと，患者さんならびに家族間の連絡を密に行う必要があります。

コラム42　特別訪問看護指示書の発行について

　訪問看護指示書が交付されている患者さんの急性増悪，終末期，退院直後などで，頻回に訪問看護が必要と判断された場合には，医師は「特別訪問看護指示書」を発行し，週4回以上の訪問看護を行わせることができます。

　指示書の有効期間は，特別の指示にかかわる診療の日から14日以内で，月に1回交付が可能です。ただし，次のような場合には，月に2回まで交付が可能です。

- 気管カニューレを使用している人
- 真皮を超える褥瘡のある人（NAUAP分類Ⅲ度またはⅣ度，またはDESIGN分類D3，D4，D5）

往診料

患家の求めに応じて患家におもむき診療を行った場合に算定（定期的ないし計画的におもむいて診療を行った場合には算定不可）

緊急往診加算

標榜診療時間内に患者さん，または家族から緊急の往診を求められ，情報から医学的に緊急性を有する疾患（具体的には，急性心筋梗塞，脳血管障害，急性腹症等）を疑うと判断された場合

在宅酸素療法と在宅人工呼吸

> 在宅酸素療法と在宅人工呼吸の違いはなんですか？

　肺機能が低下している患者さんや，チアノーゼ型先天性心疾患（ファロー四徴症，大血管転位症，三尖弁閉鎖症，総動脈幹症，単心室症など）で発作的に低酸素状態となる患者さんが在宅酸素療法の対象となります。医療機関は，在宅酸素用の酸素濃縮装置と酸素ボンベを患者さんに貸与します。

　対して，在宅人工呼吸は，長期にわたり人工呼吸に依存せざるをえない患者さんで病状が安定している場合に在宅で実施する人工呼吸療法です。なお，睡眠時無呼吸症候群の患者さんは対象となりません。医療機関は人工呼吸装置を患者さんに貸与します。

　在宅酸素療法では酸素濃縮装置を使用しますが，現在の酸素濃縮装置の大きさは一般的な空気清浄機程度で，かなりコンパクトになっています。

　また，医療機関自体に入院施設は必ずしも必要ありませんが，緊急時に入院できる連携医療機関が必要です。緊急時に入院する連携医療機関には，酸素吸入設備，気管内挿管または気管切開の器具，レスピレーター，気道内分泌物吸引装置，動脈血ガス分析装置（常時実施できる状態であるもの），胸部エックス線撮影装置（常時実施できる状態であるもの）が備えられていなければなりません。

　一方，在宅人工呼吸では通常，ベッドサイドに人工呼吸器を置くことになりますので，患者さん宅ではそのスペースが必要です。使用する際に必要な消耗品は医療機関が支給しますが，この消耗品の費用は所定点数に含まれているので別途請求することはできません。

　在宅酸素療法と同様に医療機関自体に入院施設は必ずしも必要ありません

が，緊急時に入院できる連携医療機関が必要です。緊急時に入院する連携医療機関には，酸素吸入設備，気管内挿管または気管切開の器具，レスピレーター，気道内分泌物吸引装置，動脈血ガス分析装置（常時実施できる状態であるもの），胸部エックス線撮影装置（常時実施できる状態であるもの）が備えられていなければなりません。

コラム43　酸素の請求にかかる計算方法，届出等

酸素吸入を行った場合の酸素の価格（酸素代）は，処置料の処置医療機器等加算の中に設定されている酸素加算で算定します。酸素加算は「酸素の価格」を10円で除した点数にして算定します。

「酸素の価格」は，

「酸素1Lあたりの単価（円）」×「患者に使用した酸素の容積（L）」×補正率

で算出します。補正率は1.3と決められています。

「酸素1Lあたりの単価」とは，各医療機関の酸素1Lあたりの購入価です。ただし上限額が決められており，医療機関の購入価が規定された上限額を超えている場合には，その上限額で算定します。

また，各医療機関は酸素の購入価格に関する届出書を毎年提出しなければなりません。届出書は様式が決まっていますので，そのとおりに記載します。記載する内容は，毎月の酸素購入容積，購入対価，購入業者，種類（液化酸素，酸素ボンベ等）です。

なお，酸素吸入を行う場合，医師は「O₂ 2L」（1分間あたり2L）というように指示を出します。

在宅人工呼吸療法

人工呼吸器

呼吸の手助けをする

在宅酸素療法

家庭で高濃度の酸素を吸入

酸素濃縮装置

居宅療養管理指導費
（介護保険）

> 当院の医師が担当医をしている患者さん（介護保険の要介護被保険者等）について，居宅療養管理指導費はどのような場合に算定するのでしょうか？

　居宅療養管理指導費は，通院困難な要支援・要介護状態の利用者の同意を得て居宅を訪問し，計画的かつ継続的な医学的管理にもとづく指導を行った場合，月2回を限度に算定できるものです。

　居宅療養管理指導費は，①居宅介護支援事業者（ケアマネージャー）や市町村等に対する居宅サービス計画作成等に必要な情報提供，②利用者および家族等に対する居宅サービスを利用する上での留意点，介護方法等についての医師・薬剤師・管理栄養士・歯科医師・歯科衛生士・看護職員の指導，助言などを評価するものです。

　これに対して，診療情報提供料（Ⅰ）は，医療機関間の有機的連携の強化，および医療機関から保険薬局または保健・福祉関係機関への診療情報提供機能の評価を目的として設定されたものです。

　定められた様式またはそれに準じた様式の文書に必要事項を記載し，患者さんまたは紹介先の機関に交付します。さらに，交付した文書の写しをカルテに添付しなくては算定できません。

　なお，介護保険の要介護被保険者等である患者さんに対して，同一月において，介護保険の居宅療養管理指導等を医師が行い，居宅療養管理指導費を算定している場合には，診療情報提供料（Ⅰ）（市町村もしくは指定居宅介護支援事業者等，または薬局に対する情報提供にかかわるもの）は算定できません。

コラム44　がん患者さんの在宅医療を担当する場合

　厚生労働省は超高齢化社会に向けて，病院で治療を終えた後は，できるだけ自宅で療養できるよう，在宅医療政策を進めています。在宅医療の大きなメリットは，その人にふさわしい環境で，気兼ねなく生活を送りながら医療を受けられることです。

　そのような患者さんの在宅療養を担当する医師としては，患者さんと患者さんの家族が安心して在宅での生活を継続できるように，責任をもって24時間の医療提供体制を維持する必要があります。専門的かつ本格的な疼痛管理，緩和ケアに習熟することはもちろん，必要に応じて他の医療機関や訪問看護ステーションと連携をし，緊急時の病床を確保しておかねばなりません。

　さらには地域の福祉サービスなどとも連携し，福祉サービスを紹介することも，より質の高いケアに欠かせません。

利用者の同意を得て居宅を訪問

Part4

医療費の請求に関すること

期間と算定回数の考え方

「1月に限り」、「3月に1回算定」のような診療報酬点数表によくみられる表現について、正しい計算方法を教えてください。

とくにことわりがない場合、暦（こよみ、カレンダー）上の月を基準にします。カレンダーでの「1日から末日まで」が1月（ひとつき）になります。

診療報酬点数表の「1月」、「1週」は、暦（こよみ、カレンダー）上の1月（1日から末日まで）、1週（日～土曜日）を指します。したがって、「1月につき1回算定」とは、前月算定日から1か月（約30日）を経過していなくても、暦上の月が変われば再算定できる（1月につき1回算定の場合、それぞれそのほかの算定要件を満たせば、たとえば1月31日に算定して、2月1日に再算定する）という意味です。

また、「1月以内の期間」とは「30日間」という意味ではありません。たとえば1月10日から2月9日、2月10日から3月9日までのことです（「1月を超える」のは、それぞれ2月10日、3月10日からです）。

点数表上で「○月」、「月△回」あるいは「□週」、「週◇回」などと記されている場合は、とくにことわりがない場合には原則的にこの「暦月（れきげつ）」、「暦週（れきしゅう）」として解釈します。

コラム45　1日につき
「1日につき」は、とくに規定する場合を除き、午前0時～午後12時です。午後10時に入院、翌日午前10時に退院した場合は2日とカウントします。

PART4　医療費の請求に関すること

暦　月

月が変われば算定できる。
(30日間に1回という意味ではない)

```
         1
 1 2 3 4 5 6 7
 8 9 10 11 12 13 14
15 16 17 18 19 20 21
22 23 24 25 26 27 28
29 30 31
```
算定

```
         2
       1 2 3 4
 5 6 7 8 9 10 11
12 13 14 15 16 17 18
19 20 21 22 23 24 25
26 27 28 29 30 31
```
再算定可

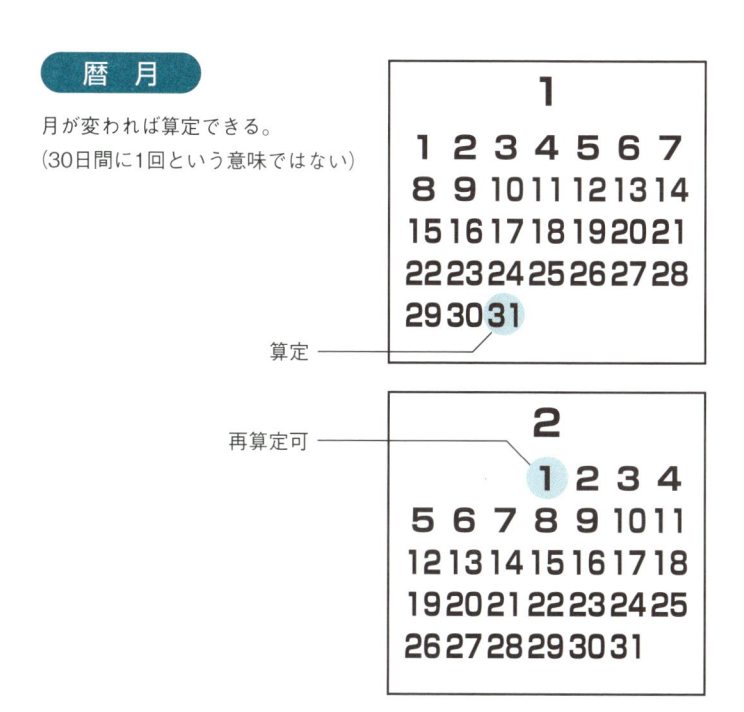

暦　週

週が変われば算定できる。
(7日間に1回という意味ではない)

```
         2
       1 2 3 4
 5 6 7 8 9 10 11
12 13 14 15 16 17 18
```
算定（3）／再算定可（5）

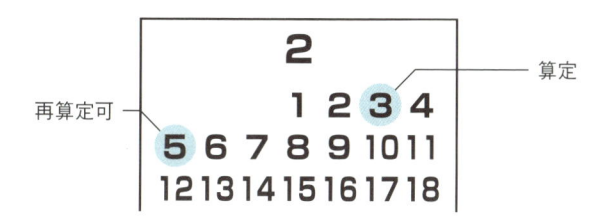

1日につき

日が変われば算定できる。(午後12時をすぎれば2日目となる)

| 0 | 3 | 6 | 9 | 12 | 3 | 6 | 9 | 12 |

算定（9）　再算定可（6）

患者さんの移送費や検査結果等の郵送費

> 患者さんの移送費や検査結果等の郵送費は患者さんに実費請求できますか？

患者さんの移送費は，健康保険法97条および健康保険法施行規則81条により，保険者が必要と認めたときに限り，移送費が支給されることになっています。また，検査結果等の郵送費は，医療機関が患者さんへのサービスとして郵送により伝達している場合は医療機関の負担となり，患者さんが郵送料負担について同意のもとで郵送する場合は，郵送料の患者さんの負担が認められます。

患者さんから保険診療で認められていないサービスを要求された場合は，保険診療でできることとできないことを説明することが重要といえるでしょう。

また，患者さん自身が自己負担をしてもサービスを受けたいという場合に備えて，あらかじめ対応（そのサービスを行うか／あくまで断るか，患者さんの同意があったことの記録の残し方等）を検討しておくべきでしょう。

コラム46 実費徴収が認められるサービス等

実費徴収が認められるサービス等の例は以下のとおりです。患者さんから説明を求められたときに備えて，自院で実費徴収を行っているサービスがこのうちどれにあたるかを整理しておくとよいと思います。

(1) 日常生活上，必要なサービスにかかる費用

〔例〕
- おむつ代，人工肛門や人工膀胱の排泄孔（ストーマ）用装具，尿とり

パット代，腹帯代，T字帯代など
- 病衣貸与代（手術，検査等を行う場合の病衣貸与を除く）
- テレビ代
- 理髪代
- クリーニング代など

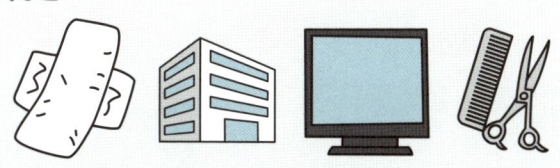

(2) 公的保険給付とは関係ない文書の発行にかかる費用
- 証明書代
- カルテの開示手数料（閲覧，写しの交付等にかかわる手数料）など

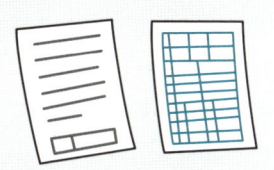

(3) 診療報酬点数表上，実費徴収が可能なものとして明記されている費用
- 在宅医療にかかる交通費
- 薬剤の容器代（ただし，原則としては医療機関から患者さんへ貸与することなっています）など

また，保険外併用療養費制度における諸注意は以下のとおりです。
① 保険医療機関等の見やすい場所（受付窓口，待合室など）に，実費徴収にかかるサービス等の内容および料金について，患者さんにとってわかりやすく掲示しておく。
② 患者さんからの実費徴収が必要となる場合には，患者さんに対し，徴収にかかるサービスの内容や料金等について明確かつ懇切に説明し，同意を確認の上，徴収する。
③ 患者さんから実費徴収した場合は，他の費用と区別した内容のわかる領収証を発行する。
④ 「お世話料」，「施設管理料」，「雑費」等のあいまいな名目での実費徴収は認められないので注意する。

患者さんの都合による検査中止

患者さんの都合で検査や手術を中止した場合，所定の点数を算定できるのでしょうか？

検査や手術がまったく施行されていなければ算定することはできないと思われます。

しかしながら，ある程度の検査結果を得られる程度の検査中止，治療結果を得られる程度の手術中止であれば算定可能と判断されます。

検査費用の算定において，検査結果を患者さんに伝えたかどうかについての規定はありません。また，基本診療料は，仮に簡単な診療行為をまったく行わない場合においても所定の点数を算定できると通知されています。

一般則になりますが，まったく施行されていなければ算定することはできないと思われますが，ある程度の結果が得られる中断であれば算定可能と判断されます。

基本的には現場での判断と考えられます。

コラム47 患者さんのもち込んだ検査結果で判断料を算定できるか？

心電図検査，負荷心電図検査，脳波検査，病理検査，内視鏡写真では，患者さんが持参した検査結果にもとづいて医師が判断・診断した場合でも，判断料・診断料は算定できます。ただし，自院であらためて検査をやり直したとしても，判断料・診断料は併せて1回のみ算定します。

一方，血液検査等は，他院の結果をみて判断を下しても，検体検査判断料は算定できません。

コラム48　外来迅速検体検査加算

　外来迅速検体検査加算は，当日自院で行われた検体検査について，当日中に結果を説明した上で文書により情報を提供し，その結果にもとづく診療が行われた場合に算定できます。算定は5項目を限度として，検体検査実施料の各項目の所定点数にそれぞれ10点を加算します。
　また，1日につき5項目限りとなります。

> 患者さんの都合で検査や手術を中止した場合，ある程度の検査結果を得られる程度の検査中止，治療結果を得られる程度の手術中止であれば，算定可能と判断される。基本的に現場の判断！

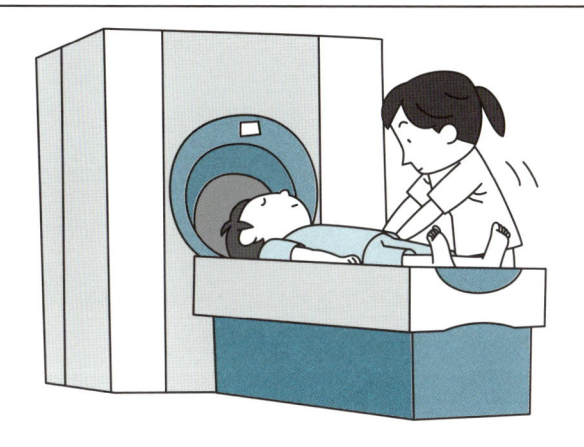

外部委託で算定できない検査項目

外部委託すると，算定できない検査はありますか？

尿中一般物質定性半定量検査，赤血球沈降速度（赤沈）は，院内検査でなければ算定不可です。ただし，委託契約でも「院内で実施された検査で結果がすみやかに報告される場合」には算定可能です。

尿沈渣（鏡検法およびフローサイトメトリー法）も原則的に院内検査でなければ算定不可で，尿中一般物質定性半定量検査と同様の扱いですが，さらに外部委託であっても「尿路系疾患が強く疑われる患者さんについて採尿後4時間以内に検査を行い，検査結果がすみやかに報告された場合」には算定可能です。

血液ガス分析も原則的に院内検査でなければ算定できず，尿中一般物質定性半定量検査と同様の扱いですが，「在宅酸素療法を実施している入院施設のない診療所が，採血後すみやかに緊急時の連携医療機関で血液ガス分析を実施し，検査結果がすみやかに報告された場合」には算定可能です。

上記の検査は，いずれも採尿あるいは採血後，短時間で検査が行われないと適切な結果が得られないものであるため，院外検査では診療報酬算定できないこととなっています。

時間外緊急院内検査加算や外来迅速検体検査加算も検査が外部委託では算定できません。

コラム49　併算定できない検査

　同一項目について検査方法を変えて測定しても，その方法ごとに算定（併算定）できません。

　つまり，同じような目的の検査は，主たる点数しか算定できません。また，同一検体で定性検査と定量検査を併せて行った場合や，スクリーニング検査とその他の検査を一連として行った場合は，主な検査で算定することになっています。

　併算定できない検査の例をあげます。

- 「D002」尿沈渣顕微鏡検査と「D017」排泄物，滲出液物叉は分泌物の細菌顕微鏡検査を同一検体で実施した場合，主な検査で算定。
- 「D004-2」「1」悪性腫瘍遺伝子検査，「D006-2」血液細胞核酸増幅同定検査（造血器腫瘍核酸増幅同定検査），「D006-6」免疫関連遺伝子再構成を同一月中に実施した場合，主な検査で算定。
- D006「2」プロトロンビン時間，D006「2」トロンボテストを同時に実施した場合，主な検査で算定。
- 「D007」「5」蛋白分画，「D007」「1」総蛋白，「D007」「1」アルブミンを同時に実施した場合は，主な検査を2つ算定。

コラム50　同一検体で同一ウイルスに対する複数の検査

　通常は同一検体で同一ウイルスに対する複数の検査を行っても，1回しか算定できません。つまり，スクリーニングとして定性検査をして，陽性だった場合に定量検査をすることもありますが，たいていの場合，あらかじめどちらをすべきか医学的に判断して検査をオーダーすべきと考えられます。

　ただし，医学的にそのような判断が難しい，あるいは通常，臨床上適当ではないと考えられるようなケースもあります。たとえばHTLV-1抗体は，通常は「D012」「13」HTLV-1抗体定性，または「D012」「32」HTLV-1抗体のみを行うことが普通です。この検査で陽性と判定された場合のみ，「D012」「50」HTLV-1抗体（ウェスタンブロット法）による確定診断が算定できます。

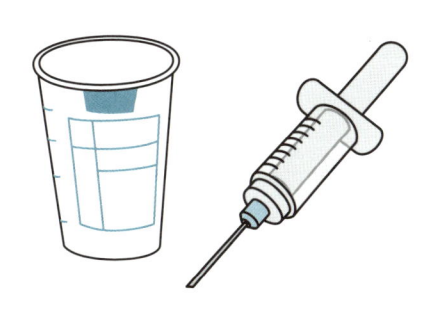

診療実日数1日で
検査複数回の算定可否

患者さんが自宅で尿を採取（冷凍）し，数日分まとめて持参してきた場合，診療実日数1日で同一尿検査の複数回の算定は認められますか？同じことは，他の検体でもいえますか？

その内容が医学的に妥当であれば，算定可能と考えられます。

　原則として検体検査は，一連の検体採取による1検体を単位として行うこととなっています。したがって，数日分の凍結検体に対しての検査については，その内容が医学的に妥当であれば，算定可能と考えられます。ただし，尿中一般物質定性半定量検査や尿沈渣のように採取後すみやかに検査を行わなければならないものや凍結によって検査の精度が落ちる場合には，適切に行われた検査とはみなせません。
　算定にあたっては医学的必要性を含め，複数回検査を行った理由をレセプトの摘要欄に記載する必要があります。

コラム51　レセプトの薬剤の欄

検査や処置で用いた薬剤は，投薬料ではなく，それぞれ検査料，処置料の中で薬剤料として算定します。そのため，それぞれの算定区分に薬剤の欄があります。同様のことは，特掲診療料の医学管理，放射線治療，病理診断以外のすべての区分で生じます。

コラム52　造影剤，画像診断にかかる薬剤料

造影剤使用撮影で用いる造影剤，発泡剤，下剤は，処方料や調剤料は算定できません。いずれも薬剤料のみ算定できます。

上部消化管造影（食道，胃，十二指腸の造影剤使用撮影）において用いる経口の造影剤はバリウム製剤であり，時間が経って水分が抜けると腸管内で固まってしまうため，検査後すみやかに体外に排泄させる必要があります。そのため，多くの場合，検査後に下剤を使用します。造影剤使用撮影で用いる造影剤，発泡剤，下剤はいずれも薬剤料のみ算定できます。

すなわち，投薬料のような処方料や調剤料は算定できませんが，薬剤料のみ15円を超える部分に対して15円を引いた額を10で割った点数（端数切り上げ）を算定します。

コラム53　造影剤注入手技，カテーテル法

造影剤注入手技は，造影剤使用撮影を行う際の造影剤を注入した場合に算定します。それぞれの手技料とともに造影剤は薬剤料として別途算定します。

一般的な造影CTや造影MRIなどで行う造影剤の静脈注射の場合には，点滴注射で算定し，処置の点滴注射と同点数となります。

また，動脈造影カテーテル法は画像診断として算定しますが，冠動脈造影を含めた心臓カテーテル法や，肺臓カテーテル法，肝臓カテーテル法，脾臓カテーテル法などは検査の項目にあります。それぞれ一連のものとして算定しますが，心臓カテーテル法については右心房，右心室，肺動脈を造影する右心カテーテルと左心房，左心室，大動脈を造影する左心カテーテルとがあり，両方行った場合には両方とも算定します。

手技料とともに造影剤は薬剤料として算定し，カテーテルは特定保険医療材料になりますので，検査あるいは画像診断の特定保険医療材料料として算定します。

Q34 ヘリコバクター・ピロリ感染の診断および治療

ヘリコバクター・ピロリ感染の診断および治療について，保険診療上のルールを具体的に示してください。

A

以下の解説であげた①～⑤の患者さんに対して，「ヘリコバクター・ピロリ感染の診断および治療の手順」に沿ってヘリコバクター・ピロリが検査で陽性となった場合に除菌を行うことができます（さらに1回目の除菌が成功しなかった場合は，2回目の除菌まで算定可能です）。

解説

ヘリコバクター・ピロリ感染の診断および治療の対象患者

① 内視鏡検査または造影検査において，胃潰瘍または十二指腸潰瘍の確定診断がなされた患者
② 胃MALTリンパ腫の患者
③ 特発性血小板減少性紫斑病の患者
④ 早期胃癌に対する内視鏡的治療後の患者
⑤ 内視鏡検査において胃炎の確定診断がなされた患者

具体的な保険診療におけるヘリコバクター・ピロリ感染の診断，および，治療の手順は右のフロー図のようになります。

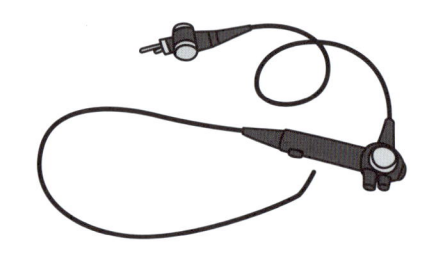

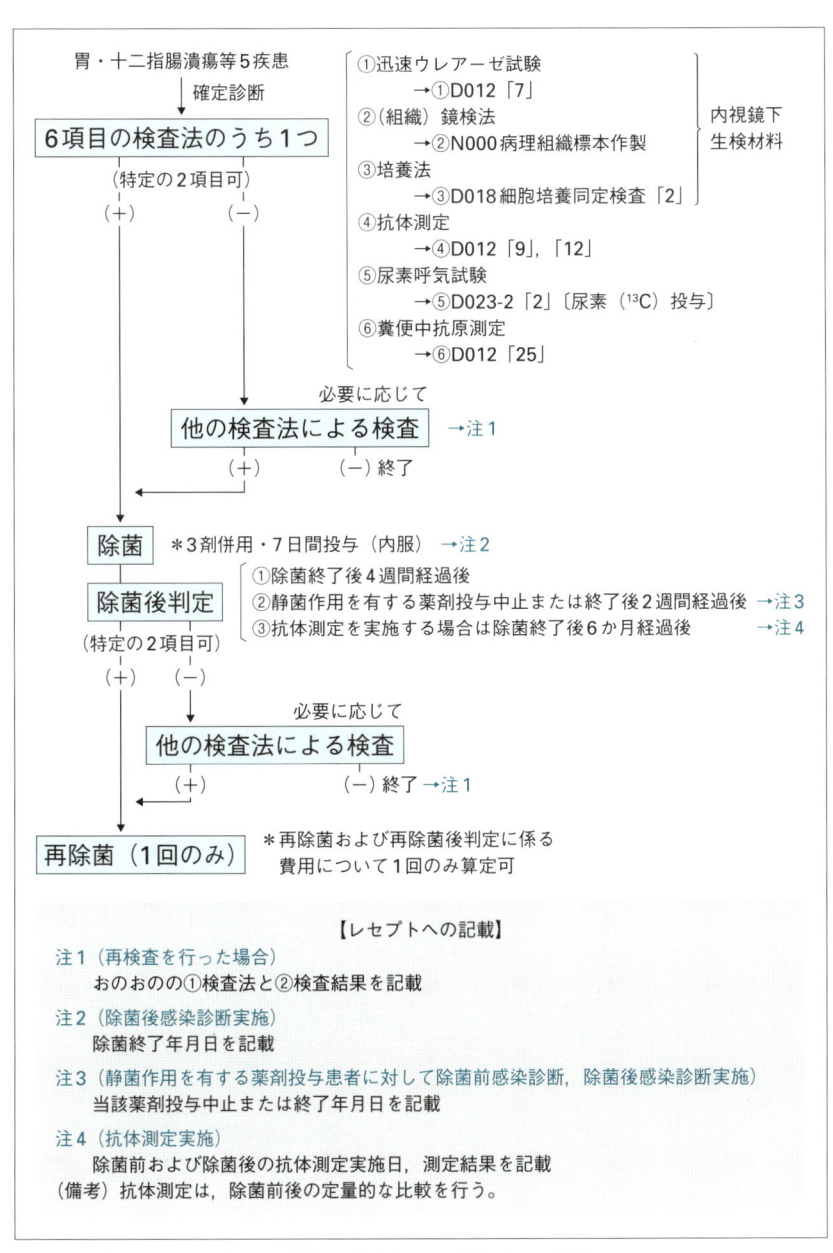

PART4　医療費の請求に関すること

```
胃・十二指腸潰瘍等5疾患
        ↓ 確定診断
┌─────────────────┐    ┌ ①迅速ウレアーゼ試験          ┐
│ 6項目の検査法のうち1つ │    │     →①D012「7」           │
└─────────────────┘    │ ②(組織)鏡検法              │ 内視鏡下
   (特定の2項目可)         │     →②N000病理組織標本作製  │ 生検材料
   (＋)    (－)           │ ③培養法                    │
                          │     →③D018細胞培養同定検査「2」│
                          │ ④抗体測定                  │
                          │     →④D012「9」,「12」      │
                          │ ⑤尿素呼気試験              │
                          │     →⑤D023-2「2」〔尿素($^{13}$C) 投与〕│
                          │ ⑥糞便中抗原測定            │
                          └     →⑥D012「25」           ┘
            ↓ 必要に応じて
      ┌─────────────────┐
      │ 他の検査法による検査 │ →注1
      └─────────────────┘
         (＋)    (－) 終了
          ↓
      ┌──────┐
      │ 除菌 │ ＊3剤併用・7日間投与(内服) →注2
      └──────┘
      ┌──────────┐  ┌ ①除菌終了後4週間経過後                        ┐
      │ 除菌後判定 │  │ ②静菌作用を有する薬剤投与中止または終了後2週間経過後 →注3 │
      └──────────┘  └ ③抗体測定を実施する場合は除菌終了後6か月経過後 →注4  ┘
   (特定の2項目可)
   (＋)    (－)
            ↓ 必要に応じて
      ┌─────────────────┐
      │ 他の検査法による検査 │
      └─────────────────┘
         (＋)    (－) 終了 →注1
          ↓
   ┌──────────────┐
   │ 再除菌(1回のみ) │ ＊再除菌および再除菌後判定に係る
   └──────────────┘    費用について1回のみ算定可
```

【レセプトへの記載】

注1（再検査を行った場合）
　　おのおのの①検査法と②検査結果を記載
注2（除菌後感染診断実施）
　　除菌終了年月日を記載
注3（静菌作用を有する薬剤投与患者に対して除菌前感染診断，除菌後感染診断実施）
　　当該薬剤投与中止または終了年月日を記載
注4（抗体測定実施）
　　除菌前および除菌後の抗体測定実施日，測定結果を記載
（備考）抗体測定は，除菌前後の定量的な比較を行う。

ヘリコバクター・ピロリ感染の診断および治療の手順
（平12.10.31 保険発180の通知の参考資料を修正）
〔杉本恵申 編集協力：診療点数早見表 医科2014年4月版，p.344, 医学通信社（2014）より転載〕

CT，MRIなどの検査結果の患者さんへの提供のルール

> CT，MRIなどの検査結果を患者さんに提供する場合，それがセカンドオピニオンを求めるための目的以外でない場合，患者さんに直接，費用を請求してよいでしょうか？
> そのときの目安となる金額，患者さんへの説明の要否等について教えてください。

患者さんの希望で検査結果の提供を求められた場合は，それに必要なフィルム代やCD等の費用を請求することができます。ただし，その旨を患者さんに説明し，納得してもらわなければなりません。

患者さんの希望で，検査結果の提供を求められた場合は，「療養の給付と直接関係ないサービス」と考えられますから，それに必要なフィルム代やCD等の費用を請求することができます。ただし，その旨を患者さんに説明し，納得してもらわなければなりません。また，その費用については，実費相当が適切であると考えられます。

以下の点に注意してください。
① 院内の見やすい場所（受付窓口，待合室など）に，実費徴収にかかわるサービス等の内容および料金について，患者さんにとってわかりやすく掲示しておく。
② 患者さんに対し，徴収にかかわるサービスの内容や料金等について明確かつ懇切に説明し，同意を確認の上，徴収する。
③ 他の費用と区別した内容のわかる領収証を発行する。

コラム54　最新のモダリティ

　検査・画像診断等の診療報酬算定においては，施設基準についても確認が必要です。したがって，点数表の本文だけでなく，施設基準の告示・通知についても確認する必要があります。

　CTやMRIをはじめとした医療用画像機器（モダリティ装置）は，開発が急速に進み，年々精度のよいものが出てきています。これらの検査費用は，検査あるいは画像診断で算定することになりますが，とくに高精度のものについては，診療報酬点数の設定が高く，医業収益に貢献します。

　しかし，多くの場合，施設基準が設定されていますので，注意が必要となります。点数表の本文だけでなく，施設基準の告示・通知についても確認する必要があります。

　また，新しい医療機器については，その機器が薬事認証を受けているかどうかを確認する必要があります。一般医療機器（クラスⅠ）はその製造販売に許可や届出は必要ありませんが，管理医療機器（クラスⅡ）は製造販売に届出が必要であり，さらにクラスⅢ以上の高度管理医療機器は，製造販売に許可が必要です。ほとんどのモダリティ装置は高度管理医療機器より上位におかれた特定保守管理医療機器であり，製造販売には，許可とともに，所定の基準を満たすことを認められた管理者が必要です。

Q36 デジタル撮影した画像のプリントアウト代は請求できるか？

電子画像管理加算を算定する場合，写真をプリントアウトした場合のフィルム代は算定できますか？

電子画像管理加算を算定した場合，フィルム代の算定はできません。

電子画像管理加算は，デジタル撮影した画像を「電子媒体に保存して管理した場合」に，算定できます。フィルムへプリントアウトを行っての診断も可能ですが，本加算を算定した場合にはフィルム代の算定はできません。

電子画像管理加算の算定要件にある「画像を電子化して管理及び保存した場合」とは，デジタル撮影した画像を電子媒体に保存して管理した場合をいいます。

気をつけたいのは，医師が患者さんへの説明のためなどにフィルムへのプリントアウトを行った場合にも電子画像管理加算は算定しますが，この場合にフィルム代は算定できないことです。

なお，フィルムを用いた通常のエックス線撮影結果をエックス線フィルムスキャナー等で電子媒体に保存して管理しても，電子画像管理加算は算定できません。

コラム55 一連の撮影

同一の部位を，同時に，2種類以上の撮影方法を実施した場合は「一連の撮影」とみなされ，主たる撮影の点数しか算定できません。

コラム56　撮影料の計算方法

　同一部位に，同時に，2枚以上のフィルムを使用して，同一の方法で，撮影を行った場合の写真診断および撮影の費用は，2枚目から5枚目までは50%の点数で算定し，6枚目以降は算定しません。つまり，フィルムを10枚使用した場合でも5枚使用の撮影料となります。

　なお，時間外，休日または深夜において撮影および診断を行った場合は，1日につき110点が加算できます（ただし，初診料または再診料で夜間・早朝等加算を算定する場合には算定できません）。

コラム57　「同一部位」，「2以上のエックス線撮影」，「同一の方法」，「同時に」

　「同一部位」とは，部位的な一致に加え，腎と尿管，胸椎下部と腰椎上部のように同一のフィルム面に撮影しうる範囲をいいます。

　「2以上のエックス線撮影」とは，撮影料が別に定められている単純撮影，特殊撮影，造影剤使用撮影，または乳房撮影のうち，2種以上の撮影を行った場合をいいます。

　「同一の方法」による撮影とは，単純撮影，特殊撮影，造影剤使用撮影または乳房撮影のそれぞれの撮影方法をいい，さらに，デジタル撮影およびアナログ撮影については「同一の方法」として取り扱います。

　「同時に」とは，診断するため予定される一連の経過の間に行われたものをいいます。たとえば，消化管の造影剤使用写真診断（食道・胃・十二指腸等）において，造影剤を嚥下させて写真撮影し，その後2〜3時間経過して再びレリーフ像を撮影した場合のことです。

コラム58　時間外緊急院内画像診断加算

　時間外緊急院内画像診断加算は，すべての検査および診断を当該医療機関で行ったものでなければならず，他の医療機関で撮影されたフィルムを診断した場合は算定できません。

　時間外緊急院内診断加算は入院中の患者さん以外の患者さんに対して，診療時間外の時間，休日または深夜に診療を行い，医師が緊急に画像診断を行う必要を認め，当該保険医療機関において，当該保険医療機関の従事者が当該保険医療機関に具備されている画像診断機器を用いて当該画像撮影および診断を実施した場合に限り算定します。

　すべて当該医療機関で行ったものでなければならず，他の医療機関で撮影されたフィルムを診断した場合は算定しません。

　ただし，初診料または再診料に夜間・早朝等加算を算定している場合には「時間外緊急院内画像診断加算」は算定できません。

コラム59　時間外緊急院内画像診断加算算定の際の「緊急度」

　時間外緊急院内画像診断加算算定の際の「緊急度」は，直ちに何らかの処置，手術等が必要な患者さんに対してであって，通常の診察のみでは的確な診断が下せず，なおかつ通常の画像診断が整う時間まで，画像診断の実施を見合わせることができないような重篤な場合をいいます。

撮影を他院に依頼するとき

CTやMRIを他院に依頼する場合，どのように算定しますか？

自院（以下でA保険医療機関）に検査または画像診断の設備がないため，他院（以下でB保険医療機関）に対して，診療状況を示す文書を添えてその実施を依頼した場合には，次のように取り扱います。

〔B保険医療機関が単に検査または画像診断の設備の提供にとどまる場合〕

B保険医療機関においては，診療情報提供料，初診料，検査料，画像診断料は算定できません。

この場合，検査料，画像診断料等を算定するA保険医療機関との間で合議の上，費用の清算を行うことになります。

〔B保険医療機関が，検査または画像診断の判読も含めて依頼を受けた場合〕

B保険医療機関において，初診料，検査料，画像診断料は算定できます。

〔A保険医療機関〕

〔B保険医療機関〕

検査または画像診断の設備の提供と判読

保険請求

コラム60　再撮影の費用は算定できるか？

　エックス線撮影の際に失敗し，再撮影をした場合，再撮影に要した費用は患者さんの故意または重大な過失がなければ再算定できません。

　エックス線写真がいまいちで，診断をきちんと正しく行うためにもう一度撮影したとしても，仮にそのような理由であるとしても，「再撮影に要した費用は，その理由が患者の故意又は重大な過失による場合を除き，当該保険医療機関の負担とする」とあり，再撮影に要した費用の再算定はできません。

　ただし，写真としての「物」があるかどうかという形式上のことが重要ではありませんので，撮影した内容はデータで保存してもよいわけです。むしろ，フィルムへのプリントを行わずに画像を電子媒体に保存した場合に関しては電子画像管理加算を算定します。

精神科医でなくても算定可能な精神科専門療法

精神科を標榜していなくても，算定可能なカウンセリング料等について教えてください。また，それらは具体的にどのような診療行為を行えば算定できるのでしょうか？

下記の療法があります。

(1) 標準型精神分析療法
口述による自由連想法を用いて，抵抗，転移，幼児体験等の分析を行い，解釈を加えることによって洞察を導く治療法をいいます。

(2) 認知行動療法
うつ病等の気分障害の患者さんを対象とし，これら患者さんの認知の偏りを修正し，問題解決を手助けすることによって治療することを目的としています。

(3) 心身医学療法
心身症の患者さんについて，一定の治療計画にもとづいて，身体的傷病と心理・社会的要因との関連を明らかにするとともに，当該患者さんに対して，心理的影響を与えることにより，症状の改善または傷病からの回復を図る治療法をいいます。

以下は，いずれもその要点をカルテに記載することが必要で，時間が定められている場合は診療時間をカルテに記載する必要があります。

〔標準型精神分析療法〕
当該療法に習熟した心身医学を専門とする医師が行った場合に算定できま

す。診療に要した時間が45分を超える必要があります。

〔認知行動療法〕

「うつ病の認知療法・認知行動療法マニュアル」（平成21年度 厚生労働省こころの健康科学研究事業「精神療法の実施方法と有効性に関する研究」）を踏まえて行う必要があります。

対象となる患者は不安障害，ストレス関連障害，パーソナリティ障害，摂食障害（神経性大食症），統合失調症などで，算定は「地域の精神科救急医療体制の確保に協力等を行っている精神保健指定医による場合」とそれ以外による場合で分かれています。

時間は30分を超える必要があり，同一日に他の精神科専門療法と併算定できず，臨床心理士のみが行った場合には算定できません。

また，1対1で行う必要があり，同時に複数の患者さんに実施した場合には算定できません。算定は一連の治療について16回まで可能です。

〔心身医学療法〕

保険点数は「入院中」，「入院中以外で初診」，「入院中以外で再診」，に区分されており，初診の場合は診療に要した時間が30分を超えたときに算定できます。

当該療法に習熟した医師によって行われた場合に算定でき，レセプトには傷病名の次に「（心身症）」と記載することと，初診時に算定する場合には当該診療に要した時間の記載をすることが必要です。

20歳未満の患者さんに対しては100分の200に相当する点数を加算できます。ただし，算定回数の制限があり，注意が必要です。

コラム61　心身症患者とは？

心身症について，「身体疾患の中でその発症や経過に心理社会的因子が密接に関与し，器質的ないし機能的障害が認められる病態をいいます。ただし，神経症やうつ病など，他の精神障害に伴う身体症状は除外する」（日本心身医学会，1991年）の定義があり，この病態にある患者さんを「心身症患者」といいます。心身症は「身体疾患」です。

外表の処置の算定方法

> 創傷処置，熱傷処置，重度褥瘡処置，皮膚科軟膏処置は併せて算定できますか？

併せて算定できません。

同一疾病，または，これに起因する病変に対して創傷処置，皮膚科軟膏処置，面皰圧出法，または半肢の大部，頭部，頸部および顔面の大部以上にわたる湿布処置が行われた場合は，それぞれの部位の処置面積を合算し，その合算した広さを，いずれかの処置にかかわる区分に照らして算定します。

創傷処置，熱傷処置，重度褥瘡処置，皮膚科軟膏処置などは包帯等で被覆すべき範囲，または軟膏処置を行うべき広さにより算定点数が変わります。これは湿布処置に関しても同様ですが，湿布処置の範囲が狭い場合は，基本診察料に含まれます（軟膏の塗布または湿布の貼付のみの処置では算定できません）。

また，同一部位に対して，創傷処置，皮膚科軟膏処置，面皰圧出法または湿布処置が行われた場合はいずれか1つのみにより算定し，併せて算定できません。

なお，手術後の患者さんに対する創傷処置（術後創傷処置）は，その回数にかかわらず，1日につき所定の点数のみにより算定します（複数の部位の手術後の創傷処置については，それぞれの部位の処置面積を合算し，その合算した広さに該当する点数により算定します）。

コラム62　処置の範囲
　処置の範囲とは，包帯等で覆う創傷面の広さ，または軟膏処置を行う広さをいいます。創傷処置は算定区分が5つに分類され，100m^2未満，100m^2以上500m^2未満，500m^2以上3,000m^2未満，3,000m^2以上6,000m^2未満，6,000m^2以上に分けられます。

コラム63　在宅寝たきり患者処置指導管理料
　　　　　または在宅気管切開患者指導管理料を算定している患者さん
　在宅寝たきり患者処置指導管理料または在宅気管切開患者指導管理料を算定している患者さん（これらにかかわる在宅療養指導管理材料加算，薬剤料または特定保険医療材料料のみを算定している者を含み，入院中の患者さんを除く）については，創傷処置（熱傷に対するものを除く），爪甲除去（麻酔を要しないもの）および穿刺排膿後薬液注入の費用は算定できません。

コラム64　湿布処置
　湿布処置は，半肢の大部または頭部，頸部および顔面の大部以上にわたる範囲のものについて算定します。それ以外の狭い範囲の湿布処置は，基本診療料に含まれ，湿布処置を算定できません。

　さらに，湿布処置は，患者さん自ら，または家人等に行わせて差し支えないと認められる場合，算定できません。代わりに，湿布薬の必要量を外用薬として投与します。

　また，在宅寝たきり患者処置指導管理料を算定している患者さん（これにかかわる薬剤料または特定保険医療材料料のみを算定している方を含み，入院中の患者さんを除く）については，消炎鎮痛等処置の費用は算定できません。

合算した広さを，いずれかの処置にかかわる区分に照らして算定。

重度褥瘡処置

重度褥瘡処置は完治するまでずっと算定できますか？

重度褥瘡（じょくそう）処置は，初回の処置を行った日から2か月まで算定できます。それ以降も処置が必要な場合には，創傷処置で算定します。

褥瘡処置について，皮下組織あるいはそれより深い褥瘡の場合には最初の2か月間，重度褥瘡処置を算定できますが，その後も治療が必要な場合には点数設定の低い創傷処置で算定します。入院期間が1年を超える患者さんの場合には長期療養患者褥瘡等処置（精神病棟や結核病棟の場合には精神病棟等長期療養患者褥瘡等処置）を算定します。

褥瘡は一度生じるとなかなか完治しないため，その予防が重要です。そのため，入院基本料には褥瘡ハイリスク患者ケア加算が設定されています。在宅医療においても，在宅患者訪問褥瘡管理指導料が設定され，真皮までの褥瘡の患者さんに対して，在宅褥瘡対策チームによる褥瘡の改善，重症化予防，発生予防のため計画的な指導管理を行うことに対して評価がなされています。

また，在宅患者訪問看護・指導料では，真皮を越える褥瘡（皮下組織あるいはそれより深い褥瘡）の患者さんに対して，褥瘡ケアの専門研修を受けた看護師によるケアに対して高点数を設定しています。

コラム65　算定制限の理由

　点数表には「1日につき」,「1月につき」という設定が多くあります。たとえば創傷処置の場合,外傷等で行う創傷処置は医学的必要性にもとづいて,1日2回行った場合には2回算定することが可能です。ただし,手術後の患者さんの場合には創傷処置は1日につき1回しか算定できません。

　重度褥瘡処置は点数自体が「1日につき」と設定されています。実施回数に応じた出来高の診療報酬体系では,無駄に実施して高い診療報酬を得る可能性があるのでその抑制を図っているとも受け取れますが,このような算定制限がかけられている項目のほとんどは医学的に妥当な回数,頻度のコンセンサスにもとづいて設定されています。

コラム66　簡単な処置でのキシロカインゼリーの使用

　グリセリン浣腸液や坐剤を挿入するときに,キシロカインゼリーを単なる潤滑油としての使用でなく,局所麻酔として使用した場合,病名があればキシロカインゼリーの薬剤料が算定可能と考えられますが,以前に関連した情報が発行されていますので参考にしてください。

　次の場合,処置薬剤としてキシロカインゼリーの算定はいかがか。国保では認められているものもあるが,社保では「潤滑油」を用いるべきとして査定される場合もあるため協議願いたい。

① 胃管カテーテル挿入時
② イレウス用ロングチューブ挿入時
③ 浣腸時
④ 前立腺マッサージ時
⑤ 直腸指診（ジギタール）時
⑥ 気管切開チューブ交換時

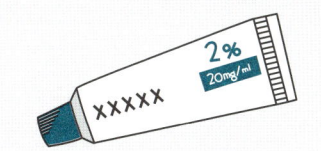

→　浣腸時を除き認める。なお,坐薬挿入時は認めない。

〔平成15年2月1日・社保国保審査委員連絡委員会〕

Part5

薬と材料に関すること

Q41 患者さんが処方せんや処方薬をなくした場合

> 患者さんが処方せんや処方薬剤をなくしてしまった場合の対応について教えてください。
> また，紛失した処方薬剤が向精神薬である場合，再調剤に応じるべきでしょうか？

A

　処方せんや処方薬剤を再交付する場合，その費用は全額，患者さんから実費徴収することになります。
　なお，再交付にあたっては，処方薬剤の倍量投与と捉えて医学的・薬学的に問題がないかを医師をはじめ医療関係者が検討することになります。

解説

　患者さんが処方せんや薬剤をなくした場合は，「患者さん自身に責任がある」ということですから，再交付する費用は患者さんから全額，実費徴収することになります。ただし，患者さん自身の責任ではない場合，たとえば天変地異などのやむをえない場合は，あらためて保険診療として取り扱うことになります。
　気をつけなければいけないことは，もし後からなくしたはずの処方薬剤がみつかれば，必要以上の処方薬剤を患者さんが手にしてしまうことになることです。したがって，再交付にあたっては設問のように向精神薬でなくても，さまざまな影響を考えなければいけません。
　具体的には，処方薬剤の倍量投与と捉えて医学的・薬学的に問題がないかを医師をはじめ医療関係者が検討することが必要です。

コラム67　やむをえず患者さんの家族に医薬品を渡す場合

　処方せんをもって保険調剤薬局に行けば，本人でなくとも家族の方など代理の方でも調剤を受けることができます。ただし，アレルギーなどの問診について十分注意を払わないといけません。

　また，医薬品を正しく安全に使用するための注意や，起こりうる副作用の説明が，患者さん本人にきちんと伝わるよう確認を取ることが必要でしょう。

　医薬品はリスクでもあるので，可能な限り本人が服薬指導を受けるべきです。

コラム68　処方料，薬剤料，処方せん料の減算

　7種類以上の内服薬の投薬，向精神薬多剤投与（3種類以上の抗不安薬，3種類以上の睡眠薬，4種類以上の抗うつ薬，または4種類以上の抗精神病薬）の場合には，処方料，薬剤料，処方せん料が減算となります。

　ただし，7種類以上の内服薬の投薬について，臨時の投薬で2週間以内の投与期間のものは数に入れる必要はありません（院外処方せんの備考欄には，その必要性を記載）。また，再診料の地域包括診療加算を算定する場合には減算の対象になりません。

　向精神薬多剤投与については地域包括診療加算の算定の有無は関係ありません。しかし，向精神薬多剤投与による減算については，どうしても多剤が必要な患者さんに対する治療に支障を来さないようにするためにいくつかの除外規定があります。

コラム69　投薬日数の上限

　治療上，必要であるとしても，1回に処方してよい量に上限があります。
　すなわち，投薬日数の上限が療養担当規則 第20条に（診療の具体的方針）

第20条　投与量は，予見することができる必要期間に従ったものでなければならないこととし，厚生労働大臣が定める内服薬及び外用薬については当該厚生労働大臣が定める内服薬及び外用薬ごとに1回14日分，30日分又は90日分を限度とする。

と，定められています。

　なお，1回14日分，30日分に該当するものは新医薬品と麻薬，向精神薬です。具体的な商品名は他書を参考にしてください。

Q42 院外薬局が閉まった後の投薬

午前中に院外処方せんを交付した患者さんについて同日緊急の時間外受診があり，近くにある保険薬局はすべて受付時間を終了している時間であったため，院内調剤を行いました。この場合，同一日に処方せん料と処方料を併算定可能ですか？

A

やむをえない場合は認められます。

解説

同一患者さんに対して，同一診療日に，一部の薬剤を院内において投薬し，他の薬剤を院外処方せんにより投薬することは，原則として認められません。しかし，やむをえない場合に限り，同一日の院内・院外処方が認められます（レセプトに理由を記載してください）。

なお，注射器，注射針またはその両者のみを処方せんにより投与することは認められません。

コラム70　院外処方できない薬剤

治験実施中の患者さんへの治験薬や，治験実施主等が負担する医薬品は院内処方で用い，院外処方とすることはできません。

また，検査の際に用いる薬剤や診断薬も，院外処方せんでは処方できません。

コラム71　検診の受診勧奨

地域包括診療料／地域包括診療加算では，担当医による検診の受診勧奨等が求められていますので，患者さんに対して，職場や地方自治体が実施する特定検診等の受診を促すことが必要です。地域包括診療料／地域包括診療加算を算定する多くの診療所では，地方自治体の特定検診を委託されていると思いますので，国民健康保険（国保）や高齢者の患者さんには自院で受診していただき，被用者保険（社保）の患者さんにはそれぞれの勤務先が指定す

る検診施設で受診することをすすめてください。

コラム72　薬価の計算方法

使用した薬剤として
① 薬価が1回分使用量につき15円以下である場合　・・・　1点
② 薬価が1回分使用量につき15円を超える場合
　　・・・　薬価から15円を控除した額を，10円で除して得た点数につき，1点未満の端数を切り上げて得た点数に1点を加算して得た点数を加算

コラム73　アレルギー疾患減感作療法

アレルギー疾患減感作療法において使用した薬剤についてやむをえず廃棄した場合は「やむをえず廃棄した場合の薬液量」も使用量に含まれますので算定できます。

ただし，算定の根拠として，カルテ，レセプトにやむをえず廃棄した旨の記載と使用量（廃棄した量も含む）の記載が必要です。

コラム74　患者さんに貸し出す容器等の注意点

薬剤の容器や医療機器は，医療機関が患者さんに無償で貸し出すことが原則となっています。患者さんがその容器や医療機器を返還した場合には，再使用できるものについては料金を返還しなければなりません。たとえば，吸入器についても同様です。

なお，もともと使い捨て容器になっているもの等，再使用できないものについては，そもそも薬剤料に含まれており，別途料金徴収することはできません。

また，貸し出した医療機器等について，患者さんの故意あるいは過失によって破損した場合には，その弁済を求めることができます。

向精神薬の種類の数え方

向精神薬（抗不安薬，睡眠薬，抗うつ薬，抗精神病薬）でも，混合したものはまとめて1種類と数えるのでしょうか？　また，内服のタイミングが同じで，所定単位あたりの薬価が205円以下なら1種類でしょうか？

向精神薬（抗不安薬，睡眠薬，抗うつ薬，抗精神病薬）は，薬剤名ごとに1種類と数えます。これらにあたる薬剤の一般名は右の表のとおりです。

投薬での薬剤の区分は，内服薬，浸煎薬，屯服薬，外用薬に分けられています。内服薬と浸煎薬は1剤1日分が1単位，屯服薬は1回分が1単位，外用薬は1調剤が1単位です。

また，内服薬は多剤投与の薬剤料算定が複雑です。錠剤，カプセル剤，散剤，顆粒剤，液剤のいずれも1銘柄ごとに1種類ですが，複数の散剤，顆粒剤，液剤を混合したものはそれを1種類とします。さらに，内服のタイミングが同じ薬剤の所定単位あたりの薬価が205円以下の場合にはそれで1種類とします。たとえば，1日1回朝食後の錠剤とカプセル剤が4剤あってもその4剤の薬価の合計が100円の場合には，4剤合わせて1種類とみなします。したがって，10剤以上の錠剤が処方されていても，①1日1回朝食後が5剤，②1日2回朝夕食後が2剤，③1日3回各食後が3剤で，①，②，③のそれぞれの薬価合計が205円未満であれば，3種類ということになります。

ただし，この数え方は「7種類以上の内服薬の投薬」についてのみ適用され，向精神薬（抗不安薬，睡眠薬，抗うつ薬，抗精神病薬）を対象とする向精神薬多剤投与における種類の数え方は，薬剤名ごとに1種類と数えます。

向精神薬の一般名

抗不安薬

- オキサゾラム
- クロキサゾラム
- クロラゼプ酸二カリウム
- ジアゼパム
- フルジアゼパム
- ブロマゼパム
- メダゼパム
- ロラゼパム
- アルプラゾラム
- フルタゾラム
- メキサゾラム
- トフィソパム
- フルトプラゼパム
- クロルジアゼポキシド
- ロフラゼプ酸エチル
- タンドスピロンクエン酸塩
- ヒドロキシジン塩酸塩
- クロチアゼパム
- ヒドロキシジンパモ酸塩
- エチゾラム
- ガンマオリザノール

睡眠薬

- ブロモバレリル尿素
- 抱水クロラール
- エスタゾラム
- フルラゼパム塩酸塩
- ニトラゼパム
- ニメタゼパム
- ハロキサゾラム
- トリアゾラム
- フルニトラゼパム
- ブロチゾラム
- ロルメタゼパム
- クアゼパム
- アモバルビタール
- バルビタール
- フェノバルビタール
- ペントバルビタールカルシウム
- トリクロホスナトリウム
- クロルプロマジン，プロメタジン，フェノバルビタール
- リルマザホン塩酸塩水和物
- ゾピクロン
- ゾルピデム酒石酸塩
- エスゾピクロン
- ラメルテオン

抗うつ薬

- クロミプラミン塩酸塩
- ロフェプラミン塩酸塩
- トリミプラミンマレイン酸塩
- イミプラミン塩酸塩
- アモキサピン
- アミトリプチリン塩酸塩
- ノルトリプチリン塩酸塩
- マプロチリン塩酸塩
- ペモリン
- ドスレピン塩酸塩
- ミアンセリン塩酸塩
- セチプチリンマレイン酸塩
- トラゾドン塩酸塩
- フルボキサミンマレイン酸塩
- ミルナシプラン塩酸塩
- パロキセチン塩酸塩水和物
- 塩酸セルトラリン
- ミルタザピン
- デュロキセチン塩酸塩
- エスシタロプラムシュウ酸塩

抗精神病薬
（°印は非定型抗精神病薬，△は持続性抗精神病注射薬剤）

＜定型薬＞

- クロルプロマジン塩酸塩
- クロルプロマジンフェノールフタリン酸塩
- ペルフェナジンフェンジゾ酸塩
- ペルフェナジン（塩酸ペルフェナジン）
- プロペリシアジン
- トリフロペラジンマレイン酸塩
- フルフェナジンマレイン酸塩
- プロクロルペラジンマレイン酸塩
- レボメプロマジン
- ピパンペロン塩酸塩
- オキシペルチン
- スピペロン
- スルピリド
- ハロペリドール
- ピモジド
- ゾテピン
- チミペロン
- ブロムペリドール
- カルピプラミン塩酸塩水和物
- クロカプラミン塩酸塩水和物
- カルピプラミンマレイン酸塩
- スルトプリド塩酸塩
- モサプラミン塩酸塩
- ネモナプリド
- モペロン塩酸塩
- レセルピン
- △ ハロペリドールデカン酸エステル
- △ フルフェナジンデカン酸エステル

＜非定型薬＞

- °△ リスペリドン
- ° クエチアピンフマル酸塩
- ° ペロスピロン塩酸塩水和物（ペロスピロン塩酸塩）
- ° オランザピン
- ° アリピプラゾール
- ° ブロナンセリン
- ° クロザピン
- ° パリペリドン
- °△ パリペリドンパルミチン酸エステル

一般名処方加算

一般名処方加算とは何ですか？

「一般名処方加算」とは，薬剤の一般的名称を記載する処方せんを交付した場合に，処方せんの交付1回につき2点が加算できることをいいます。

　一般名処方加算は，薬剤の一般的名称（一般名）を記載する処方せんを交付した場合に，処方せんの交付1回につき2点が加算できるもので，後発医薬品のある医薬品について，薬価基準に収載されている品名に代えて，一般名に剤形および含量を付加した記載（一般名処方）による処方せんを交付した場合に算定するものです。交付した処方せんに，1品目でも，一般名処方されたものが含まれていれば算定します。

　なお，一般名処方は，単に医師が先発医薬品か後発医薬品かといった個別の品名にこだわらずに処方を行うものなので，保険薬局が先発医薬品を調剤したとしても算定します（後発医薬品が保険薬局で調剤されないと算定できないわけではありません）。ただし，後発医薬品の存在しない漢方製剤や，後発医薬品のみ存在する薬剤等については算定できません。

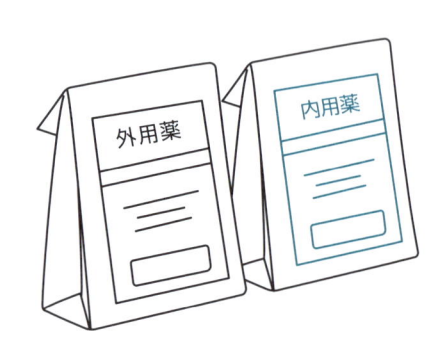

PART5　薬と材料に関すること

処方せん

（この処方せんは、どの保険薬局でも有効です。）

医・0割
243

公費負担者番号	8 1 0 0 0 2 9 8	保険者番号	0 6 ▽ ▽ ▽ ▽ ▽
公費負担医療の受給者番号	0 0 - - - -	被保険者証・被保険者手帳の記号・番号	▽・×××××××××

患者	氏名	△△　△△ ○○　○○	保険医療機関の所在地及び名称 電話番号 保険医氏名	○○県××市 △△町××××× じほうクリニック 000（000）0000 ▽▽　　▽▽	㊞
	生年月日	平成16年9月20日　女	都道府県番号	0 0	点数表 1	医療機関コード ▽▽▽▽▽▽▽
	区分	被保険者　　被扶養者				

交付年月日	平成26年10月2日	処方せんの使用期間	特に記載のある場合を除き、交付の日を含めて4日以内に保険薬局に提出すること。

変更不可　個々の処方薬について、後発医薬品（ジェネリック医薬品）への変更に差し支えがあると判断した場合には、「変更不可」欄に「レ」又は「×」を記載し、「保険医署名」欄に署名又は記名・押印すること。

処方

　　　→ 先発品の商品名は「ムコダインDS50%」、「オノンドライシロップ10%」

1) カルボシステイン ドライシロップ 50%　　1回 0.68g　　1日 3回　朝昼夜　5日分
2) プランルカスト水和物ドライシロップ 10%　 1回 350mg　 1日 2回　朝夜　　5日分
3) ツムラ麻杏甘石湯エキス顆粒（医療用）　　　1回 0.5mg　 1日 2回　朝夜　　5日分

　　　　　　薬品名　　　　　　　　　　　分量　　　　　　　用法・用量　　　　服用日数

医薬品名：一般的名称に剤形および含量を付加（一般名処方）した記載，
　　　　　または，薬価基準に記載されている商品名を記載
用法・用量：日本語で明確に記載
服用日数：実際の投与日数を記載

数種類の処方薬のうち，1種類だけでも一般名で処方すれば一般名処方加算が算定可

　　　　→ 後発品の存在しない漢方，後発品のみ存在する医薬品は
　　　　　一般名処方加算の対象外

備考	

調剤済年月日	平成　年　月　日	「変更不可」欄に「レ」又は「×」を記載した場合は、署名又は記名・押印すること。
保険薬局の所在地及び名称 保険薬剤師名	㊞	保険医署名 公費負担者番号 公費負担医療の受給者番号

備考　1.「処方」欄には、薬名、分量、用法及び用量を記載すること。
　　　2. この用紙は、日本工業規格A列5番とすること。
　　　3. 療養の給付及び公費負担医療に関する費用の請求に関する省令（昭和51年厚生省令第36号）第1条の公費負担医療については、「保険医療機関」とあるのは「公費負担医療の担当医療機関」と、「保険医氏名」とあるのは「公費負担医療の担当医氏名」と読み替えるものとすること。

投薬料一覧

〔院外処方〕

			一般名処方	3歳未満	特定疾患処方管理加算
処方せん料	内服薬が6種類以下	68	+2	+3	+18 (28日以上の処方は +65)
	7以上	40			
	3種類以上の抗不安薬, 3種類以上の睡眠薬, 4種類以上の抗うつ薬, 4種類以上の抗精神病薬の投薬(臨時の投薬時を除く)	30			

〔院内処方〕

			麻薬・向精神薬処方加算	3歳未満	特定疾患処方管理加算
調剤料	内用薬 外用薬	9 6	+1		
処方料	内服薬が6種類以下 　　　　 7　以上	42 29	+1	+3	+18 (28日以上の処方は +65)
	3種類以上の抗不安薬, 3種類以上の睡眠薬, 4種類以上の抗うつ薬, 4種類以上の抗精神病薬の投薬(臨時の投薬時を除く)	20			
調剤技術基本料	(薬剤師がいる場合,月1回)	8			
薬剤料	内服薬が7種類以上の場合,薬剤料は90%の点数しか算定できない。 3種類以上の抗不安薬,3種類以上の睡眠薬,4種類以上の抗うつ薬,4種類以上の抗精神病薬の投薬(臨時の投薬時を除く)の場合,薬剤料は80%の点数しか算定できない。				

コラム75　変更調剤

「変更調剤」とは，保険薬局において処方医に事前に確認することなく含量違い，または，類似する別剤形の後発医薬品に変更して調剤することをいいます。

処方医はこれを認めない場合，処方薬（個別の品名による処方に限る）の「変更不可」欄に「✔」又は「×」を記載します。

コラム76　薬剤の数え方

薬剤の数え方には，いくつかの用語とルールがあります。まず，「1剤」，「1単位」，「1種類」という3つの用語の意味を理解しておかなければ計算できません。

「1剤」とは，必ずしも薬1種類ではありません。1回の処方において，2種類以上の内服薬を調剤する場合に，1日の服薬時点および服薬回数が同じものを「1剤」と考えます。

たとえば，消炎剤と胃薬がそれぞれ1日2回朝夕食後で処方された場合，薬としては2種類ですが1剤となります。ただし，錠剤と内服薬，あるいは内服薬とチュアブル錠のように服用方法が異なるものはそれぞれ1剤と考えます。なお，診療報酬上，食事を目安とする服薬時点は，食前，食後，食間の3区分しかないので，各食直前と各食前30分は，同じ「食前」とみなし1剤とします。

次に，「1単位」とは，内服薬と浸煎薬の場合は1剤1日分を指し，屯服薬の場合は1回分，外用薬の場合は1調剤となります。なお，トローチは外用薬として扱い，1日4錠4日分で16錠が処方される場合，この16錠で1単位となります。

そして，「1種類」という用語が問題になるのは，7種類以上の内服薬の投薬になるかの判断が必要な場合です。錠剤やカプセルは通常1銘柄1種類ですが，散剤や顆粒剤の場合には，もともと2種類でも混合して1包にすると1種類となります。さらに例外的に，1単位あたりの薬剤料が205円以下になる場合は，まとめて1種類と数えます。ただし，向精神薬（抗不安薬，睡眠薬，抗うつ薬，抗精神病薬）は，薬剤名ごとに1種類と数えます。

コラム77　調剤技術基本料

調剤技術基本料は，薬剤師が常時勤務する医療機関において投薬を行った場合に算定できるものです。

ただし，同一月内に処方せんを交付した場合は算定できません。

注射針や注射器，点滴回路に使用する材料費

注射針や注射器，点滴回路に使用する材料費は，どのように算定すればよいのでしょうか？

注射針や注射器，点滴回路に使用する材料費は注射料の所定点数に含まれており，別途請求することはできません。

注射については，注射実施料（注射料）と薬剤料で算定します。つまり，注射針や注射器，点滴回路に使用する材料費は注射料の所定点数に含まれており，別途請求することはできません。

ただし，中心静脈注射の場合には，中心静脈注射用カテーテル挿入の費用は，カテーテルの材料費とともに別途算定できます。

また，在宅自己注射では，在宅自己注射指導管理料に注入器加算，注入器用注射針加算があります（算定可否は商品ごとに異なります）。

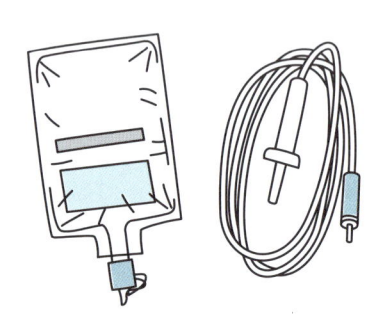

コラム78　在宅自己注射で針だけの院外処方は可能か？

自己注射に用いる注射針のみを処方することはできません。

患者さんとよくコミュニケーションをとり，極端に注射薬のみが余ることがないように調整する必要があります。

在宅自己注射を行う患者さんでは，糖尿病でインスリン製剤を用いる在宅自己注射を行っている患者さんの数が最も多いですが，それ以外にも，

- 視床下部-下垂体機能障害にともなう無排卵および希発排卵における排卵誘発で用いるフォリトロピンベータ製剤
- 視床下部-下垂体機能障害または多嚢胞性卵巣症候群にともなう無排卵および希発排卵における排卵誘発で用いるフォリトロピンアルファ製剤
- 多発性硬化症に対するインターフェロンベータ製剤
- C型慢性肝炎，肝硬変，B型慢性肝炎に対するインターフェロンアルファ製剤（ペグインターフェロンアルファ製剤は算定不可）
- 慢性肝疾患に対するグリチルリチン酸モノアンモニウム・グリシン・l-システイン塩酸塩配合剤
- 再生不良性貧血および先天性好中球減少症に対する顆粒球コロニー形成刺激因子製剤
- 蜂毒，食物および薬物等に起因するアナフィラキシーを発現する可能性が高い患者さんに対するアドレナリン製剤

を処方されている患者さんがいます。

コラム79　在宅療養指導管理材料加算

在宅療養指導管理料を算定する場合には，自己注射や自己導尿等で用いる消毒薬，衛生材料（ガーゼ，綿，ばんそうこうなど），酸素，注射器，注射針，カテーテルなどは必要十分な量を医療機関が支給しなければなりません。この医療材料の費用は在宅療養指導管理材料加算として算定します。したがって，糖尿病でインスリン自己注射を行い，血糖自己測定を行っている場合には，在宅自己注射指導管理料と血糖自己測定器加算を算定します。

また，自己導尿を行っている場合には，在宅自己導尿指導管理料と間歇導尿用ディスポーザブルカテーテル加算を算定します。

地域包括診療料／
地域包括診療加算を
算定している患者さんへの院外処方

地域包括診療料／地域包括診療加算の算定にあたっては患者さんに特定の保険薬局を紹介することになりますが，療養担当規則違反になりませんか？

療養担当規則では，保険医あるいは保険医療機関が患者さんを特定の保険薬局への誘導を禁じていますが，地域包括診療料および地域包括診療加算に関する院外処方を行う場合は除外されています。つまり，療養担当規則違反にはなりません。

地域包括診療料や地域包括診療加算では，原則的に院内処方を行うことを求めており，院外処方を行う場合には，連携薬局での調剤が原則となります。療養担当規則では，保険医あるいは保険医療機関が患者さんを特定の保険薬局へ誘導することを禁じていますが，地域包括診療料および地域包括診療加算に関する院外処方を行う場合は除外されています。つまり，療養担当規則違反にはなりません。

なお，原則的には医療機関は，連携薬局の中から患者さん自らが選択した薬局において調剤してもらうよう説明することとされており，連携薬局は複数あることが前提となっています。ただし，連携薬局にも24時間対応が求められており，実際に該当する薬局が1件しかない場合にはそれでやむをえないとされています。

また，同様の除外規定には，在宅での療養を行っている患者さんに対して院外処方する場合も示されています。在宅患者訪問薬剤管理指導を実施する

薬局で調剤を受けてもらう必要があるためです。

さらに，地域包括診療加算や地域包括診療料を算定する場合には，患者さんの服薬している薬剤を他院からのものを含めてすべて把握し，カルテに記載する必要があります。

病院の場合

患者さんの同意がある場合，院外可能
「院外処方」を行う場合は…

求められる薬局の条件
- ☑ 24時間開局
- ☑ 患者さんがかかっている医療機関をすべて把握
- ☑ 薬剤服用歴を一元的かつ継続的に管理
- ☑ 服薬状況等確認および適切な指導
- ☑ 服薬に関する情報を医療機関に提供

① 24時間開局している薬局のリストを患者さんに説明した上で，患者さんが選定した薬局で処方
② 当該患者さんがかかっている医療機器の全把握，および，薬剤服用歴を一元的かつ継続的に管理する薬局で処方
③ 投薬期間中の服薬状況等の確認，および，適切な指導の実施，当該患者の服薬に関する情報を医療機関に提供する薬局での処方
④（当該患者さんが受診している医療機関のリストを処方せんに添付して患者さんにわたすことにより）処方薬局に対する情報提供
⑤ 患者さんに受診時に，薬局が発行するお薬手帳または当該医療機関が発行するお薬手帳を持参させる
⑥ カルテにお薬手帳のコピー貼付，または，当該点数の算定時の投薬内容についてカルテに記載

診療所の場合

原則「院内処方」
「院外処方」を行う場合は…

求められる薬局の条件
- ☑ 24時間対応をしている薬局と連携（患者さんの同意がある場合に限り，その他の薬局でも可能）

① 24時間対応できる薬局（「連携薬局」という）との連携
② 原則として，院外処方を行う場合は連携薬局にて処方
③（当該患者が受診している医療機関のリストを，処方せんに添付して患者さんにわたすことにより）薬局への情報提供
④（当該患者が受診している医療機関のリストを，処方せんに添付して患者さんにわたすことにより）薬局への情報提供
⑤ 患者さんに受診時に，薬局が発行するお薬手帳または当該医療機関が発行するお薬手帳を持参させる
⑥ カルテにお薬手帳のコピー貼付，または，当該点数の算定時の投薬内容についてカルテに記載

保険医療機関及び保険医療養担当規則（療養担当規則）

（昭和32年4月30日　厚生省令第15号，最終改正；平成26年3月5日　厚生労働省令　第17号）

第1章　保険医療機関の療養担当

（療養の給付の担当の範囲）
第1条　保険医療機関が担当する療養の給付並びに被保険者及び被保険者であつた者並びにこれらの者の被扶養者の療養（以下単に「療養の給付」という。）の範囲は，次のとおりとする。
　一　診察
　二　薬剤又は治療材料の支給
　三　処置，手術その他の治療
　四　居宅における療養上の管理及びその療養に伴う世話その他の看護
　五　病院又は診療所への入院及びその療養に伴う世話その他の看護

（療養の給付の担当方針）
第2条　保険医療機関は，懇切丁寧に療養の給付を担当しなければならない。
2　保険医療機関が担当する療養の給付は，被保険者及び被保険者であつた者並びにこれらの者の被扶養者である患者（以下単に「患者」という。）の療養上妥当適切なものでなければならない。

（診療に関する照会）
第2条の2　保険医療機関は，その担当した療養の給付に係る患者の疾病又は負傷に関し，他の保険医療機関から照会があつた場合には，これに適切に対応しなければならない。

（適正な手続の確保）
第2条の3　保険医療機関は，その担当する療養の給付に関し，厚生労働大臣又は地方厚生局長若しくは地方厚生支局長に対する申請，届出等に係る手続及び療養の給付に関する費用の請求に係る手続を適正に行わなければならない。

（健康保険事業の健全な運営の確保）
第2条の4　保険医療機関は，その担当する療養の給付に関し，健康保険事業の健全な運営を損なうことのないよう努めなければならない。

（経済上の利益の提供による誘引の禁止）
第2条の4の2　保険医療機関は，患者に対して，第5条の規定により受領する費用の額に応じて当該保険医療機関が行う収益業務に係る物品の対価の額の値引きをすることその他の健康保険事業の健全な運営を損なうおそれのある経済上の利益の提供により，当該患者が自己の保険医療機関において診療を受けるように誘引してはならない。

2　保険医療機関は，事業者又はその従業者に対して，患者を紹介する対価として金品又はその他の健康保険事業の健全な運営を損なうおそれのある経済上の利益の提供により，患者が自己の保険医療機関において診療を受けるように誘引してはならない。

（特定の保険薬局への誘導の禁止）
第2条の5　保険医療機関は，当該保険医療機関において健康保険の診療に従事している保険医（以下「保険医」という。）の行う処方せんの交付に関し，患者に対して特定の保険薬局において調剤を受けるべき旨の指示等を行つてはならない。

2　保険医療機関は，保険医の行う処方せんの交付に関し，患者に対して特定の保険薬局において調剤を受けるべき旨の指示等を行うことの対償として，保険薬局から金品その他の財産上の利益を収受してはならない。

（掲示）
第2条の6　保険医療機関は，その病院又は診療所内の見やすい場所に，第

5条の3第4項，第5条の3の2第4項及び第5条の4第2項に規定する事項のほか，別に厚生労働大臣が定める事項を掲示しなければならない。

（受給資格の確認）
第3条　保険医療機関は，患者から療養の給付を受けることを求められた場合には，その者の提出する被保険者証によつて療養の給付を受ける資格があることを確めなければならない。ただし，緊急やむを得ない事由によつて被保険者証を提出することができない患者であつて，療養の給付を受ける資格が明らかなものについては，この限りでない。

（要介護被保険者等の確認）
第3条の2　保険医療機関等は，患者に対し，訪問看護，訪問リハビリテーションその他の介護保険法（平成9年　法律　第123号）第8条第1項に規定する居宅サービス又は同法　第8条の2第1項に規定する介護予防サービスに相当する療養の給付を行うに当たっては，同法　第12条第3項に規定する被保険者証の提示を求めるなどにより，当該患者が同法　第62条に規定する要介護被保険者等であるか否かの確認を行うものとする。

（被保険者証の返還）
第4条　保険医療機関は，当該患者に対する療養の給付を担当しなくなつたとき，その他正当な理由により当該患者から被保険者証の返還を求められたときは，これを遅滞なく当該患者に返還しなければならない。ただし，当該患者が死亡した場合は，健康保険法（大正11年　法律　第70号。以下「法」という。）第100条，第105条又は第113条の規定により埋葬料，埋葬費又は家族埋葬料を受けるべき者に返還しなければならない。

（一部負担金等の受領）
第5条　保険医療機関は，被保険者又は被保険者であつた者については法　第74条の規定による一部負担金，法　第85条に規定する食事療養標準負担額（同条第2項の規定により算定した費用の額が標準負担額に満たないときは，当該費用の額とする。以下単に「食事療養標準負担額」という。），法　第85条の2に規定する生活療養標準負担額（同条第2項の規定によ

り算定した費用の額が生活療養標準負担額に満たないときは，当該費用の額とする。以下単に「生活療養標準負担額」という。）又は法　第86条の規定による療養（法　第63条第2項第1号に規定する食事療養（以下「食事療養」という。）及び同項第2号に規定する生活療養（以下「生活療養」という。）を除く。）についての費用の額に法　第74条第1項各号に掲げる場合の区分に応じ，同項各号に定める割合を乗じて得た額（食事療養を行つた場合においては食事療養標準負担額を加えた額とし，生活療養を行つた場合においては生活療養標準負担額を加えた額とする。）の支払を，被扶養者については法　第76条第2項，第85条第2項，第85条の2第2項又は第86条第2項第1号の費用の額の算定の例により算定された費用の額から法　第110条の規定による家族療養費として支給される額に相当する額を控除した額の支払を受けるものとする。

2　保険医療機関は，食事療養に関し，当該療養に要する費用の範囲内において法　第85条第2項又は第110条第3項の規定により算定した費用の額を超える金額の支払を，生活療養に関し，当該療養に要する費用の範囲内において法　第85条の2第2項又は第110条第3項の規定により算定した費用の額を超える金額の支払を，法　第63条第2項第3号に規定する評価療養（以下「評価療養」という。）又は同項第4号に規定する選定療養（以下「選定療養」という。）に関し，当該療養に要する費用の範囲内において法　第86条第2項又は第110条第3項の規定により算定した費用の額を超える金額の支払を受けることができる。

（領収証等の交付）

第5条の2　保険医療機関は，前条の規定により患者から費用の支払を受けるときは，正当な理由がない限り，個別の費用ごとに区分して記載した領収証を無償で交付しなければならない。

2　厚生労働大臣の定める保険医療機関は，前項に規定する領収証を交付するときは，正当な理由がない限り，当該費用の計算の基礎となつた項目ごとに記載した明細書を交付しなければならない。

3　前項に規定する明細書の交付は，無償で行わなければならない。

(食事療養)

第5条の3　保険医療機関は，その入院患者に対して食事療養を行うに当たつては，病状に応じて適切に行うとともに，その提供する食事の内容の向上に努めなければならない。

2　保険医療機関は，食事療養を行う場合には，次項に規定する場合を除き，食事療養標準負担額の支払を受けることにより食事を提供するものとする。

3　保険医療機関は，第5条第2項の規定による支払を受けて食事療養を行う場合には，当該療養にふさわしい内容のものとするほか，当該療養を行うに当たり，あらかじめ，患者に対しその内容及び費用に関して説明を行い，その同意を得なければならない。

4　保険医療機関は，その病院又は診療所の病棟等の見やすい場所に，前項の療養の内容及び費用に関する事項を掲示しなければならない。

(生活療養)

第5条の3の2　保険医療機関は，その入院患者に対して生活療養を行うに当たつては，病状に応じて適切に行うとともに，その提供する食事の内容の向上並びに温度，照明及び給水に関する適切な療養環境の形成に努めなければならない。

2　保険医療機関は，生活療養を行う場合には，次項に規定する場合を除き，生活療養標準負担額の支払を受けることにより食事を提供し，温度，照明及び給水に関する適切な療養環境を形成するものとする。

3　保険医療機関は，第5条第2項の規定による支払を受けて生活療養を行う場合には，当該療養にふさわしい内容のものとするほか，当該療養を行うに当たり，あらかじめ，患者に対しその内容及び費用に関して説明を行い，その同意を得なければならない。

4　保険医療機関は，その病院又は診療所の病棟等の見やすい場所に，前項の療養の内容及び費用に関する事項を掲示しなければならない。

(保険外併用療養費に係る療養の基準等)

第5条の4　保険医療機関は，評価療養又は選定療養に関して第5条第2項の規定による支払を受けようとする場合において，当該療養を行うに当た

り，その種類及び内容に応じて厚生労働大臣の定める基準に従わなければならないほか，あらかじめ，患者に対しその内容及び費用に関して説明を行い，その同意を得なければならない。

2　保険医療機関は，その病院又は診療所の見やすい場所に，前項の療養の内容及び費用に関する事項を掲示しなければならない。

（証明書等の交付）

第6条　保険医療機関は，患者から保険給付を受けるために必要な保険医療機関又は保険医の証明書，意見書等の交付を求められたときは，無償で交付しなければならない。ただし，法　第87条第1項の規定による療養費（柔道整復を除く施術に係るものに限る。），法　第99条第1項の規定による傷病手当金，法　第101条の規定による出産育児一時金，法　第102条の規定による出産手当金又は法　第114条の規定による家族出産育児一時金に係る証明書又は意見書については，この限りでない。

（指定訪問看護の事業の説明）

第7条　保険医療機関は，患者が指定訪問看護事業者（法　第88条第1項に規定する指定訪問看護事業者並びに介護保険法　第41条第1項本文に規定する指定居宅サービス事業者（訪問看護事業を行う者に限る。）及び同法　第53条第1項に規定する指定介護予防サービス事業者（介護予防訪問看護事業を行う者に限る。）をいう。以下同じ。）から指定訪問看護（法　第88条第1項に規定する指定訪問看護並びに介護保険法　第41条第1項本文に規定する指定居宅サービス（同法　第8条第4項に規定する訪問看護の場合に限る。）及び同法　第53条第1項に規定する指定介護予防サービス（同法　第8条の2第4項に規定する介護予防訪問看護の場合に限る。）をいう。以下同じ。）を受ける必要があると認めた場合には，当該患者に対しその利用手続，提供方法及び内容等につき十分説明を行うよう努めなければならない。

（診療録の記載及び整備）

第8条　保険医療機関は，第22条の規定による診療録に療養の給付の担当に関し必要な事項を記載し，これを他の診療録と区別して整備しなければ

ならない。

(帳簿等の保存)
第9条　保険医療機関は，療養の給付の担当に関する帳簿及び書類その他の記録をその完結の日から3年間保存しなければならない。ただし，患者の診療録にあつては，その完結の日から5年間とする。

(通知)
第10条　保険医療機関は，患者が次の各号の一に該当する場合には，遅滞なく，意見を付して，その旨を全国健康保険協会又は当該健康保険組合に通知しなければならない。
　一　家庭事情等のため退院が困難であると認められたとき。
　二　闘争，泥酔又は著しい不行跡によつて事故を起したと認められたとき。
　三　正当な理由がなくて，療養に関する指揮に従わないとき。
　四　詐欺その他不正な行為により，療養の給付を受け，又は受けようとしたとき。

(入院)
第11条　保険医療機関は，患者の入院に関しては，療養上必要な寝具類を具備し，その使用に供するとともに，その病状に応じて適切に行い，療養上必要な事項について適切な注意及び指導を行わなければならない。
2　保険医療機関は，病院にあつては，医療法（昭和23年　法律　第205号）の規定に基づき許可を受け，若しくは届出をし，又は承認を受けた病床数の範囲内で，診療所にあつては，同法の規定に基づき許可を受け，若しくは届出をし，又は通知をした病床数の範囲内で，それぞれ患者を入院させなければならない。ただし，災害その他のやむを得ない事情がある場合は，この限りでない。

(看護)
第11条の2　保険医療機関は，その入院患者に対して，患者の負担により，当該保険医療機関の従業者以外の者による看護を受けさせてはならない。

2　保険医療機関は，当該保険医療機関の従業者による看護を行うため，従業者の確保等必要な体制の整備に努めなければならない。

（報告）
第11条の3　保険医療機関は，厚生労働大臣が定める療養の給付の担当に関する事項について，地方厚生局長又は地方厚生支局長に定期的に報告を行わなければならない。
2　前項の規定による報告は，当該保険医療機関の所在地を管轄する地方厚生局又は地方厚生支局の分室がある場合においては，当該分室を経由して行うものとする。

第2章　保険医の診療方針等

（診療の一般的方針）
第12条　保険医の診療は，一般に医師又は歯科医師として診療の必要があると認められる疾病又は負傷に対して，適確な診断をもととし，患者の健康の保持増進上妥当適切に行われなければならない。

（療養及び指導の基本準則）
第13条　保険医は，診療に当つては，懇切丁寧を旨とし，療養上必要な事項は理解し易いように指導しなければならない。

（指導）
第14条　保険医は，診療にあたつては常に医学の立場を堅持して，患者の心身の状態を観察し，心理的な効果をも挙げることができるよう適切な指導をしなければならない。
第15条　保険医は，患者に対し予防衛生及び環境衛生の思想のかん養に努め，適切な指導をしなければならない。

（転医及び対診）
第16条　保険医は，患者の疾病又は負傷が自己の専門外にわたるものであ

るとき，又はその診療について疑義があるときは，他の保険医療機関へ転医させ，又は他の保険医の対診を求める等診療について適切な措置を講じなければならない。

（診療に関する照会）
第16条の2　保険医は，その診療した患者の疾病又は負傷に関し，他の保険医療機関又は保険医から照会があつた場合には，これに適切に対応しなければならない。

（施術の同意）
第17条　保険医は，患者の疾病又は負傷が自己の専門外にわたるものであるという理由によつて，みだりに，施術業者の施術を受けさせることに同意を与えてはならない。

（特殊療法等の禁止）
第18条　保険医は，特殊な療法又は新しい療法等については，厚生労働大臣の定めるもののほか行つてはならない。

（使用医薬品及び歯科材料）
第19条　保険医は，厚生労働大臣の定める医薬品以外の薬物を患者に施用し，又は処方してはならない。ただし，医薬品，医療機器等の品質，有効性及び安全性の確保等に関する法律（昭和35年　法律　第145号）第2条第16項に規定する治験（以下「治験」という。）に係る診療において，当該治験の対象とされる薬物を使用する場合その他厚生労働大臣が定める場合においては，この限りでない。
2　歯科医師である保険医は，厚生労働大臣の定める歯科材料以外の歯科材料を歯冠修復及び欠損補綴において使用してはならない。ただし，治験に係る診療において，当該治験の対象とされる機械器具等を使用する場合その他厚生労働大臣が定める場合においては，この限りでない。

（健康保険事業の健全な運営の確保）
第19条の2　保険医は，診療に当たつては，健康保険事業の健全な運営を

損なう行為を行うことのないよう努めなければならない。

（特定の保険薬局への誘導の禁止）
第19条の3　保険医は，処方せんの交付に関し，患者に対して特定の保険薬局において調剤を受けるべき旨の指示等を行つてはならない。

2　保険医は，処方せんの交付に関し，患者に対して特定の保険薬局において調剤を受けるべき旨の指示等を行うことの対償として，保険薬局から金品その他の財産上の利益を収受してはならない。

（指定訪問看護事業との関係）
第19条の4　医師である保険医は，患者から訪問看護指示書の交付を求められ，その必要があると認めた場合には，速やかに，当該患者の選定する訪問看護ステーション（指定訪問看護事業者が当該指定に係る訪問看護事業を行う事業所をいう。以下同じ。）に交付しなければならない。

2　医師である保険医は，訪問看護指示書に基づき，適切な訪問看護が提供されるよう，訪問看護ステーション及びその従業者からの相談に際しては，当該指定訪問看護を受ける者の療養上必要な事項について適切な注意及び指導を行わなければならない。

（診療の具体的方針）
第20条　医師である保険医の診療の具体的方針は，前12条の規定によるほか，次に掲げるところによるものとする。

一　診察
  イ　診察は，特に患者の職業上及び環境上の特性等を顧慮して行う。
  ロ　診察を行う場合は，患者の服薬状況及び薬剤服用歴を確認しなければならない。ただし，緊急やむを得ない場合については，この限りではない。
  ハ　健康診断は，療養の給付の対象として行つてはならない。
  ニ　往診は，診療上必要があると認められる場合に行う。
  ホ　各種の検査は，診療上必要があると認められる場合に行う。
  ヘ　ホによるほか，各種の検査は，研究の目的をもつて行つてはならない。ただし，治験に係る検査については，この限りでない。

二　投薬
　　イ　投薬は，必要があると認められる場合に行う。
　　ロ　治療上1剤で足りる場合には1剤を投与し，必要があると認められる場合に2剤以上を投与する。
　　ハ　同一の投薬は，みだりに反覆せず，症状の経過に応じて投薬の内容を変更する等の考慮をしなければならない。
　　ニ　投薬を行うに当たつては，医薬品，医療機器等の品質，有効性及び安全性の確保等に関する法律　第14条の4第1項各号に掲げる医薬品（以下「新医薬品等」という。）とその有効成分，分量，用法，用量，効能及び効果が同一性を有する医薬品として，同法　第14条又は第19条の2の規定による製造販売の承認（以下「承認」という。）がなされたもの（ただし，同法　第14条の4第1項第2号に掲げる医薬品並びに新医薬品等に係る承認を受けている者が，当該承認に係る医薬品と有効成分，分量，用法，用量，効能及び効果が同一であつてその形状，有効成分の含量又は有効成分以外の成分若しくはその含量が異なる医薬品に係る承認を受けている場合における当該医薬品を除く。）（以下「後発医薬品」という。）の使用を考慮するとともに，患者に後発医薬品を選択する機会を提供すること等患者が後発医薬品を選択しやすくするための対応に努めなければならない。
　　ホ　栄養，安静，運動，職場転換その他療養上の注意を行うことにより，治療の効果を挙げることができると認められる場合は，これらに関し指導を行い，みだりに投薬をしてはならない。
　　ヘ　投薬量は，予見することができる必要期間に従つたものでなければならないこととし，厚生労働大臣が定める内服薬及び外用薬については当該厚生労働大臣が定める内服薬及び外用薬ごとに1回14日分，30日分又は90日分を限度とする。
　　ト　注射薬は，患者に療養上必要な事項について適切な注意及び指導を行い，厚生労働大臣の定める注射薬に限り投与することができることとし，その投与量は，症状の経過に応じたものでなければならず，厚生労働大臣が定めるものについては当該厚生労働大臣が定めるものごとに1回14日分，30日分又は90日分を限度とする。
三　処方せんの交付

イ　処方せんの使用期間は，交付の日を含めて4日以内とする。ただし，長期の旅行等特殊の事情があると認められる場合は，この限りでない。
ロ　前イによるほか，処方せんの交付に関しては，前号に定める投薬の例による。
四　注射
イ　注射は，次に掲げる場合に行う。
（1）　経口投与によつて胃腸障害を起すおそれがあるとき，経口投与をすることができないとき，又は経口投与によつては治療の効果を期待することができないとき。
（2）　特に迅速な治療の効果を期待する必要があるとき。
（3）　その他注射によらなければ治療の効果を期待することが困難であるとき。
ロ　注射を行うに当たつては，後発医薬品の使用を考慮するよう努めなければならない。
ハ　内服薬との併用は，これによつて著しく治療の効果を挙げることが明らかな場合又は内服薬の投与だけでは治療の効果を期待することが困難である場合に限つて行う。
ニ　混合注射は，合理的であると認められる場合に行う。
ホ　輸血又は電解質若しくは血液代用剤の補液は，必要があると認められる場合に行う。
五　手術及び処置
イ　手術は，必要があると認められる場合に行う。
ロ　処置は，必要の程度において行う。
六　リハビリテーション
リハビリテーションは，必要があると認められる場合に行う。
六の2　居宅における療養上の管理等
居宅における療養上の管理及び看護は，療養上適切であると認められる場合に行う。
七　入院
イ　入院の指示は，療養上必要があると認められる場合に行う。
ロ　単なる疲労回復，正常分べん又は通院の不便等のための入院の指示

は行わない。
　　八　保険医は，患者の負担により，患者に保険医療機関の従業者以外の者による看護を受けさせてはならない。

（歯科診療の具体的方針）
第21条
〔編注：歯科診療にかかわる規定なので本書では省略しました。また同様の理由で，第22条に関係する歯科診療にかかわる様式第1号（2）の1，および，様式第1号（2）の2についても省略しています。〕

（診療録の記載）
第22条　保険医は，患者の診療を行つた場合には，遅滞なく，様式　第1号又はこれに準ずる様式の診療録に，当該診療に関し必要な事項を記載しなければならない。

（処方せんの交付）
第23条　保険医は，処方せんを交付する場合には，様式　第2号又はこれに準ずる様式の処方せんに必要な事項を記載しなければならない。
2　保険医は，その交付した処方せんに関し，保険薬剤師から疑義の照会があつた場合には，これに適切に対応しなければならない。

（適正な費用の請求の確保）
第23条の2　保険医は，その行つた診療に関する情報の提供等について，保険医療機関が行う療養の給付に関する費用の請求が適正なものとなるよう努めなければならない。

　　　　　　　　　　第3章　雑則

〔編註：以下については省略しました。〕

様式第1号(1)の1(第22条関係)
(全面改正:昭和51年　厚生省令　第36号,
一部改正:平成元年　厚生省令　第10号,平成6年　厚生省令　第10号)

診療録

公費負担者番号						保険者番号					
公費負担医療の受給者番号											

被保険者証	記号・番号	
	有効期限	平成　年　月　日

	氏名			被保険者氏名	
受診者	生年月日	明大昭平　年　月　日生　男・女	資格取得	昭和平成　年　月　日
	住所	電話　局　番	事業所(船舶所有者)	所在地　電話　局　番
				名称	
	職業	被保険者との続柄	保険者	所在地　電話　局　番
				名称	

傷病名	職務	開始	終了	転帰	期間満了予定日
	上・外	年　月　日	年　月　日	治ゆ・死亡・中止	年　月　日
	上・外	年　月　日	年　月　日	治ゆ・死亡・中止	年　月　日
	上・外	年　月　日	年　月　日	治ゆ・死亡・中止	年　月　日
	上・外	年　月　日	年　月　日	治ゆ・死亡・中止	年　月　日
	上・外	年　月　日	年　月　日	治ゆ・死亡・中止	年　月　日
	上・外	年　月　日	年　月　日	治ゆ・死亡・中止	年　月　日

傷病名	労務不能に関する意見	入院期間
	意見書に記入した労務不能期間 / 意見書交付	
	自　月　日　至　月　日　日間 / 年　月　日	自　月　日　至　月　日　日間
	自　月　日　至　月　日　日間 / 年　月　日	自　月　日　至　月　日　日間
	自　月　日　至　月　日　日間 / 年　月　日	自　月　日　至　月　日　日間

業務災害又は通勤災害の疑いがある場合は,その旨	

備考	公費負担者番号	
	公費負担医療の受給者番号	

巻末資料

様式第1号(1)の2(第22条関係)
(全面改正：昭和51年　厚生省令　第36号,
 一部改正：平成6年　厚生省令　第10号)

既往症・原因・主要症状・経過等	処方・手術・処置等

様式第1号（1）の3(第22条関係)
(全面改正：昭和51年　厚生省令　第36号,
　一部改正：平成6年　厚生省令　第10号, 平成6年　厚生省令　第50号)

種別＼月日							備考
診　療　の　点　数　等							
点　数							
負担金徴収額							
食事療養算定額							
標準負担額							

巻末資料

様式第2号（第23条関係）
（全面改正：平成24年　厚生労働省令　第26号）

処　方　せ　ん
（この処方せんは、どの保険薬局でも有効です。）

公費負担者番号								保険者番号							
公費負担医療 の受給者番号								被保険者証・被保険 者手帳の記号・番号							

患者	氏名					保険医療機関の 所在地及び名称	
	生年月日	明大昭平	年　月　日	男・女		電話番号 保険医氏名	㊞
	区分	被保険者	被扶養者			都道府県 番号　点数表番号　医療機関コード	

交付年月日	平成　年　月　日	処方せんの 使用期間	平成　年　月　日	特に記載のある場合 を除き、交付の日を含 めて4日以内に保険薬 局に提出すること。

処方	変更不可	［個々の処方薬について、後発医薬品（ジェネリック医薬品）への変更に差し支えがあると判断した場合 には、「変更不可」欄に「✓」又は「×」を記載し、「保険医署名」欄に署名又は記名・押印すること。］

	保険医署名	［「変更不可」欄に「✓」又は「×」を記載した 場合は、署名又は記名・押印すること。］
備考		

調剤済年月日	平成　年　月　日	公費負担者番号	
保険薬局の所在 地及び名称 保険薬剤師氏名	㊞	公費負担医療の 受給者番号	

備考　1．「処方」欄には、薬名、分量、用法及び用量を記載すること。
　　　2．この用紙は、日本工業規格 A 列5番を標準とすること。
　　　3．療養の給付及び公費負担医療に関する費用の請求に関する省令（昭和51年厚生省令第36号）第1条の公費負担医療については、「保
　　　　険医療機関」とあるのは「公費負担医療の担当医療機関」と、「保険医氏名」とあるのは「公費負担医療の担当医氏名」と読み替える
　　　　ものとすること。

厚生労働大臣が定める注射薬等

「療担規則及び薬担規則並びに療担基準に基づき厚生労働大臣が定める掲示事項等」
（平成18年3月6日 厚生労働省告示 第107号）
（最終改正：平成26年2月3日 厚生労働省令 第22号）の抜粋（第10部分）

一　療担規則第20条第2号ト及び療担基準第20条第3号トの厚生労働大臣が定める保険医が投与することができる注射薬

〔編注：以下は，告示原文では各製剤名を単に「，」で区切っているだけですが，本書では改行しています。〕

インスリン製剤
ヒト成長ホルモン剤
遺伝子組換え活性型血液凝固第Ⅶ因子製剤
乾燥人血液凝固第Ⅷ因子製剤
遺伝子組換え型血液凝固第Ⅷ因子製剤
乾燥人血液凝固第Ⅸ因子製剤
遺伝子組換え型血液凝固第Ⅸ因子製剤
活性化プロトロンビン複合体
乾燥人血液凝固因子抗体迂回活性複合体
性腺刺激ホルモン放出ホルモン剤
性腺刺激ホルモン製剤
ゴナドトロピン放出ホルモン誘導体
ソマトスタチンアナログ
顆粒球コロニー形成刺激因子製剤
自己連続携行式腹膜灌流用灌流液
在宅中心静脈栄養法用輸液
インターフェロンアルファ製剤
インターフェロンベータ製剤
ブプレノルフィン製剤

抗悪性腫瘍剤

グルカゴン製剤

グルカゴン様ペプチド-1受容体アゴニスト

ヒトソマトメジンC製剤

人工腎臓用透析液（在宅血液透析を行っている患者（以下「在宅血液透析患者」
　という。）に対して使用する場合に限る。）

血液凝固阻止剤（在宅血液透析患者に対して使用する場合に限る。）

生理食塩水（在宅血液透析患者に対して使用する場合及び本号に掲げる注射薬を
　投与するに当たりその溶解又は希釈に用いる場合に限る。）

プロスタグランジンI_2製剤

モルヒネ塩酸塩製剤

エタネルセプト製剤

注射用水（本号に掲げる注射薬を投与するに当たりその溶解又は希釈に用いる場
　合に限る。）

ペグビソマント製剤

スマトリプタン製剤

フェンタニルクエン酸塩製剤

複方オキシコドン製剤

ベタメタゾンリン酸エステルナトリウム製剤

デキサメタゾンリン酸エステルナトリウム製剤

デキサメタゾンメタスルホ安息香酸エステルナトリウム製剤

プロトンポンプ阻害剤

H_2遮断剤

カルバゾクロムスルホン酸ナトリウム製剤

トラネキサム酸製剤

フルルビプロフェンアキセチル製剤

メトクロプラミド製剤

プロクロルペラジン製剤

ブチルスコポラミン臭化物製剤

グリチルリチン酸モノアンモニウム・グリシン・L-システイン塩酸塩配合剤

アダリムマブ製剤

エリスロポエチン（在宅血液透析又は在宅腹膜灌流を行っている患者のうち腎性

貧血状態にあるものに対して使用する場合に限る。）
ダルベポエチン（在宅血液透析又は在宅腹膜灌流を行っている患者のうち腎性貧血状態にあるものに対して使用する場合に限る。）
テリパラチド製剤
アドレナリン製剤
ヘパリンカルシウム製剤
オキシコドン塩酸塩製剤
アポモルヒネ塩酸塩製剤
セルトリズマブペゴル製剤
トシリズマブ製剤
メトレレプチン製剤
アバタセプト製剤
PH4処理酸性人免疫グロブリン（皮下注射）製剤
電解質製剤
注射用抗菌薬

二　投薬期間に上限が設けられている医薬品
　　（一）　療担規則第20条第2号へ及びト並びに第21条第2号へ並びに療担基準第20条第3号へ及びト並びに第21条第3号への厚生労働大臣が定める投薬量又は投与量が14日分を限度とされる内服薬及び外用薬並びに注射薬
　　　イ　麻薬及び向精神薬取締法（昭和28年　法律　第14号）第2条第1号に規定する麻薬（（二）に掲げるものを除く。）
　　　ロ　麻薬及び向精神薬取締法第2条第6号に規定する向精神薬（（二）及び（三）に掲げるものを除く。）
　　　ハ　新医薬品（薬事法第14条の4第1項第1号に規定する新医薬品をいう。）であって，使用薬剤の薬価（薬価基準）への収載の日の属する月の翌月の初日から起算して1年（厚生労働大臣が指定するものにあっては，厚生労働大臣が指定する期間）を経過していないもの

〔編注：前と同じです。〕
スタリビルド配合錠

イルトラ配合錠HD
イルトラ配合錠LD
ルナベル配合錠ULD（1回の投薬量が30日分以内である場合に限る。）
アゾルガ配合懸濁性点眼液

　　　（二）　療担規則第20条第2号ヘ及びト並びに第21条第2号ヘ並びに療担基準第20条第3号ヘ及びト並びに第21条第3号ヘの厚生労働大臣が定める投薬量又は投与量が30日分を限度とされる内服薬及び外用薬並びに注射薬
　　　　イ　内服薬

〔編注：前と同じです。〕

アルプラゾラム
エスタゾラム
オキシコドン塩酸塩
オキシコドン塩酸塩水和物
オキサゾラム
クアゼパム
クロキサゾラム
クロチアゼパム
クロルジアゼポキシド
コデインリン酸塩
ジヒドロコデインリン酸塩
ゾルピデム酒石酸塩
トリアゾラム
ニメタゼパム
ハロキサゾラム
プラゼパム
フルジアゼパム
フルニトラゼパム
フルラゼパム塩酸塩
ブロチゾラム
ブロマゼパム

巻末資料

ペモリン
メダゼパム
メチルフェニデート塩酸塩
モダフィニル
モルヒネ塩酸塩
モルヒネ硫酸塩
ロフラゼプ酸エチル
ロラゼパム又はロルメタゼパムを含有する内服薬並びにクロルプロマジン・プロ
　メタジン配合剤
メペンゾラート臭化物・フェノバルビタール配合剤
プロキシフィリン・エフェドリン配合剤
　　　　　ロ　外用薬
フェンタニル
フェンタニルクエン酸塩
モルヒネ塩酸塩
を，含有する外用薬
　　　　　ハ　注射薬
フェンタニルクエン酸塩
ブプレノルフィン塩酸塩
モルヒネ塩酸塩
を含有する注射薬

　　　（三）　療担規則第20条第2号ヘ及びト並びに第21条第2号ヘ並びに
　　　　　療担基準第20条第3号ヘ及びト並びに第21条第3号ヘの厚生労働
　　　　　大臣が定める投薬量が90日分を限度とされる内服薬
ジアゼパム
ニトラゼパム
フェノバルビタール
クロナゼパム又はクロバザム
を含有する内服薬
フェニトイン・フェノバルビタール配合剤

131

索　引

あ　行

あいまいな名目での実費徴収	71
悪性腫瘍特異物質治療管理料	46
アトピー性皮膚炎	43
アレルギー疾患減感作療法	97
あん摩マッサージ指圧師等	53
医科点数表に規定する回数を超えて行う診療に係る特別料金	25
移送費	70
遺族補償給付	3
1剤	103
1週	68
1種類	98, 103
1単位	98, 103
一部負担金	12
一連の撮影	82
一般名	100
──処方	100
──処方加算	100
医療機関	21
──側の都合による予約診療料の徴収	6
──の選択にかかわるもの	27
医療行為等の選択にかかわるもの	27
医療費の内容のわかる領収証	10
医療扶助の方法	16
医療保険優先	15
医療用画像機器	81
院外処方できない薬剤	96
ウイルス疾患指導料	44
運動器リハビリテーション料	52
衛生材料	17
応召義務	6
往診	56
──料	58, 60

か　行

介護保険リハビリテーション移行支援料	53
介護補償給付	3
快適性・利便性にかかわるもの	27
外表の処置	88
外部委託	74
外来管理加算	34
外来迅速検体検査加算	73
外来リハビリテーション診療料	53
画像診断	
──依頼	84
──にかかる薬剤料	77

家族に医薬品を渡す場合	95	健康保険の資格喪失の事由	4
カテーテル		検査	
──材料費	104	──依頼	84
──費用	57	──結果の提供	80
──法	77	──中止	72
間歇導尿用ディスポーザブル		検診の受診勧奨	96
カテーテル		──と結果管理	43
──加算	105	減点	9
──を使用した場合	57	原爆被爆者医療	14
患者一部負担金	13	抗うつ薬	98
患者の故意あるいは過失		公害医療	14
によって破損した場合	97	抗精神病薬	98
感染症	14	向精神薬	98, 103
簡単な検査や処置の費用	34	──多剤投与	95, 98
キシロカインゼリー	91	──の一般名	99
基本診療料	34	交通事故にかかわる医療費	2
──が算定できない場合	32	交通費	56
休業補償給付	3	公的保険給付とは関係ない文書	
休日加算	36	の発行にかかる費用	71
居宅療養管理指導費	64	公費負担医療制度	14
禁煙治療	50	公費優先	14
緊急往診加算	60	抗不安薬	98
緊急時に入院する		呼吸器リハビリテーション料	53
連携医療機関	62	国民健康保険団体連合会	
緊急度	83	（国保連）	8
血液ガス分析	74		
結果のみを聞きに来た場合	32		
健康診査	32	## さ 行	
健康診断	32		
健康相談の実施	43	再撮影の費用	85
		在宅医療	56

索　引

在宅患者訪問褥瘡管理指導料	90
在宅患者訪問診療料	58
在宅血液透析指導管理料	59
在宅酸素療法	62
在宅自己注射	104
──指導管理料	47
──を行う患者	105
在宅自己導尿指導管理料	56, 105
在宅人工呼吸	62
在宅訪問診療の距離制限	56
在宅療養	59
──指導管理材料加算	105
──指導管理料	59
──を行っている患者に対して院外処方する場合	106
──を実施する医療機関	59
──を担当する医師	65
材料料	19
酸素加算	63
酸素代	63
算定回数の限度を超えた検査・治療の費用	25
時間外加算	36
時間外緊急院内画像診断加算	83
時間外特例加算	40
事実上診療が不可能な場合	20
疾患別リハビリテーション料	52
実費徴収が認められるサービス等	70
湿布処置	88, 89
自費診療	24
社会保険診療報酬支払基金（支払基金）	8
自由診療	24
重度褥瘡処置	90
受給資格の確認	4
手術中止	72
術後創傷処置	88
腫瘍マーカー	46
障害者	14
障害補償給付	3
照会を拒否する正当な理由	20
小児科外来診療料	40
小児科特例加算	36
小児科に関係する診療報酬項目	41
傷病補償年金	3
褥瘡処置	90
褥瘡ハイリスク患者ケア加算	90
初診料	32
──の算定の注意点	33
処置	
──に用いる衛生材料	17
──の範囲	89
──薬剤	17
処方せん	
──再交付	94
──料の減算	95
処方料の減算	95
心身医学療法	86

心身症患者	87	造影剤		
心臓カテーテル法	77	——使用撮影で用いる		
心大血管疾患リハビリ		造影剤，発泡剤，下剤	77	
テーション料	52	——注入手技	77	
診断書		——の静脈注射の場合	77	
——の交付	18	葬祭料	3	
——の種類	19			
深夜加算	36	## た 行		
診療情報提供料（Ⅰ）	23, 64			
診療情報提供料（Ⅱ）	23	第三者の行為による傷病届	2	
診療報酬点数表		他院依頼	84	
——に実費徴収が		他の医療機関からの		
可能なものとして		問い合わせ（照会）	20	
明記されている費用	71	他の疾病	40	
——にない治療	17	他の診療科	40	
診療報酬明細書	8	担当医	43	
睡眠薬	98	地域包括診療加算	42, 106	
生活習慣病管理料	42, 47	地域包括診療料	42, 106	
生活保護の医療扶助	15	地域連携小児夜間・休日		
生活保護法改正法	16	診療料	40	
制限回数を超える医療行為	24	治験にかかわる診療	24	
精神病棟等長期療養患者		注射器に使用する材料費	104	
褥瘡等処置	90	注射針		
セカンドオピニオン	22	——に使用する材料費	104	
赤血球沈降速度	74	——のみ処方	105	
専従	28	中心静脈注射用カテーテル		
選定療養	24, 26	の挿入の費用	104	
——の種類	27	長期療養患者褥瘡等処置	90	
専任	28	調剤技術基本料	103	
		調剤報酬明細書	8	
		長時間訪問看護・指導加算	60	

帳簿等の保存	10
治療管理	42
使い捨て容器	97
てんかん指導料	48
電子画像管理加算	82
点数表にない特殊な検査，処置，手術	17
点滴回路に使用する材料費	104
電話再診	13
同一	
──の方法	83
──日の院内・院外処方	96
──部位	83
同日再診料	38
同日初診料	38
同時に	83
糖尿病合併管理料	47
糖尿病透析予防指導管理料	47
投薬日数の上限	95
特定疾患	14
──処方管理加算	14
──療養管理料	44
特定の保険薬局への誘導	106
特定保険医療材料料	19
特定薬剤治療管理料	48
特別の関係にある医療機関	29
特別訪問看護指示書	61

な行

7種類以上の内服薬の投薬	95, 98, 103
難病・特定疾患	14
2以上のエックス線撮影	83
ニコチン依存症管理料	50
日常生活上，必要なサービスにかかる費用	70
入院患者の外来診療	19
乳幼児医療費助成制度	15
尿中一般物質定性半定量検査	74
尿沈渣	74
認知行動療法	86
脳血管疾患等リハビリテーション料	52

は行

1月（ひとつき）	68
皮膚科特定疾患指導管理料	43
被扶養者の収入増加，離婚	5
被保険者	
──が就職し，健康保険に加入した場合	5
──が退職した場合	5
──の勤務形態の変更	5
評価療養	24, 26
標準型精神分析療法	86
標準的算定日数を超える疾患別リハビリテーション	24

複数回検査	76
ブリンクマン指数	51
併算定できない検査	75
ヘリコバクター・ピロリ感染の診断および治療	78
返還請求	2
変更調剤	103
返戻	9
訪問診療	56
保険医	21
保険医療機関	21
保険外併用療養費制度	24, 26
保険証の有効期限が切れている場合	4
保険診療と保険外診療の併用	24

ま 行

慢性ウイルス肝炎	44
無診察による保険医療の給付	18
モダリティ装置	81
専ら	28

や 行

夜間・早朝等加算	36

薬剤	
——の数え方	103
——の再交付	94
——のみを取りに来た場合	32
——の容器	97
薬剤料	19, 77
——の減算	95
薬価の計算方法	97
郵送費	70
予約科	6
予約患者の数	7
予約診療	6

ら 行

リハビリテーション料	52
領収証等	
——の交付	11
——の発行	11
療養担当規則	20
療養の給付と直接関係ないサービス等とはいえないもの	17
療養の給付に要する費用の額	21
療養補償給付たる療養の給付請求書	3
臨時の投薬	95
暦月	68
暦週	68
レセプト	8
連携薬局での調剤	106
労働災害	3

外来・在宅医療のための 保険診療Q&A

定価　本体2,300円（税別）

2014年10月30日　発　行
2015年 2月 1日　第2刷発行
2025年 6月20日　第3刷発行

編　集　　保険診療問題研究会
発行人　　武田 信
発行所　　株式会社　じほう

　　　　　101-8421　東京都千代田区神田猿楽町1-5-15（猿楽町SSビル）
　　　　　振替　00190-0-900481
　　　　＜大阪支局＞
　　　　　541-0044　大阪市中央区伏見町2-1-1（三井住友銀行高麗橋ビル）
　　　　　お問い合わせ　https://www.jiho.co.jp/contact/

©2014　　　　　　　組版　(有)アロンデザイン　　印刷　(株)暁印刷
Printed in Japan

本書の複写にかかる複製，上映，譲渡，公衆送信（送信可能化を含む）の各権利は
株式会社じほうが管理の委託を受けています。

JCOPY ＜出版者著作権管理機構 委託出版物＞
本書の無断複製は著作権法上での例外を除き禁じられています。
複製される場合は，そのつど事前に，出版者著作権管理機構（電話 03-5244-5088，
FAX 03-5244-5089，e-mail：info@jcopy.or.jp）の許諾を得てください。

万一落丁，乱丁の場合は，お取替えいたします。
ISBN 978-4-8407-4650-2